河北省工程勘察设计大师丛书

——2019年卷

河北省工程勘察设计咨询协会 主编

天津大学出版社

编委会

主编单位：河北省工程勘察设计咨询协会

承编单位：河北北方绿野建筑设计有限公司

参编单位：邯郸市亚太建筑设计研究有限公司

河北建筑设计研究院有限责任公司

中冀建勘集团有限公司

中土大地国际建筑设计有限公司

河北省水利规划设计研究院有限公司

秦皇岛市建筑设计院

九易庄宸科技（集团）股份有限公司

中煤邯郸设计工程有限责任公司

主　　编：王增文　郝卫东

副 主 编：张利新　齐春青　李　华

参编人员：马玉光　李　勇　郝　瑀　王泽勇　秦禄盛　王　旭

梁银平　王　利　贾永芳　韩　晶　李子瑜

前言

工程勘察设计作为技术密集型的生产性服务行业，在工程建设项目的决策和实施过程中发挥着至关重要的作用，是提高投资效益、推动节能减排、保护生态环境、确保工程质量和安全的关键环节。

河北省委、省政府非常重视工程勘察设计行业的发展。2009年中华人民共和国成立60周年之际，经河北省委、省政府批准，河北省住房和城乡建设厅、河北省人力资源和社会保障厅联合组织评选出河北省第一批工程勘察设计大师，其中包含工程勘察大师10名、工程设计大师10名、建筑大师5名；2013年评选出工程设计大师10名，其中包含结构、工业、机电、设备四个专业的人才；2017年又评选出工程勘察设计大师10名，其中包含工程勘察大师2名、建筑大师3名、工程设计大师5名；2019年再次认定工程勘察设计大师10名，其中包含工程勘察大师3名、建筑大师3名、工程设计大师4名。至此，河北省工程勘察设计大师达到55名。

为展现河北省工程勘察设计大师的风采，同时也让全国同行了解河北，力促河北省工程勘察设计大师走出河北、走向全国，2018年，河北省工程勘察设计咨询协会组织出版了“河北省工程勘察设计大师丛书”。丛书共分四卷，即《勘察卷》《建筑卷》《结构卷》《交通、水利、煤炭、设备卷》。

本书作为“河北省工程勘察设计大师丛书”的增补卷，延续了其先进性、真实性原则。本书收录了2019年认定的10位工程勘察设计大师的基本情况、成长经历、突出业绩等内容。每位大师的材料均由本人提供，经所在单位审核。这10名工程勘察设计大师在各自的工作岗位上都取得了骄人业绩，无论学术和技术水平、执业操守、敬业精神，还是严谨的工作作风，都是广大工程技术工作者学习的楷模。

《河北省工程勘察设计大师丛书——2019年卷》委托天津大学出版社编辑出版，印刷成册。关于书中大师排序，是按照先专业（建筑、勘察、结构、水利、设备）后拼音顺序编排。本书由河北北方绿野建筑设计有限公司负责资料收集、组卷编排，他们做了大量、细致的工作，在此，我代表河北省工程勘察设计咨询协会对他们付出的辛苦劳动表示崇高的敬意和感谢。

工程勘察设计大师是一份荣誉，更是一份责任，责任与荣誉同在，盛名之下理应做出表率。希望各位大师不忘初心、牢记使命，为河北乃至全国工程勘察设计行业的技术进步与发展做出更大的贡献。

梁金国

2021年4月

目录

李君奇

1964 年生于河北省定州市；1987 年毕业于河北建筑工程学院建筑工程系，获工学学士学位；大学毕业后在河北建筑设计研究院有限责任公司从事建筑设计工作至今；1998 年获评高级建筑师，国家一级注册建筑师；2001 年后历任主任建筑师、院副总建筑师、副所长，现任河北建筑设计研究院有限责任公司建筑专业总建筑师。

社会任职

中国建筑节能协会绿色建筑投资促进分会绿色建筑节能产业促进中心绿色节能专家委员，河北省土木建筑学会绿色建筑与超低能耗建筑学术委员会副主任委员，河北省城市科学研究会绿色建筑与低碳生态城市研究委员会委员，河北省土木建筑学会建筑节能与绿色建筑学术委员会委员，中国建筑学会 BIM 分会会员，河北省标准化协会工作委员会专家委员，河北省建筑门窗幕墙行业协会第三届理事会专家顾问，河北省科技厅、石家庄市科技局一体化平台评委专家，河北省城市建设投融资协会咨询专家，河北工业大学建筑与艺术设计学院客座教授，河北省建设工程消防设计审核验收专家，河北省消防技术工作委员会专家委员，河北省装配式建筑专家委员会委员等。

主持工程情况及荣誉

作为项目总负责人或专业负责人主持了大量民用建筑项目设计，主要获奖项目有上海大学特种实验中心、燕赵信息大厦、石家庄正定国际机场改扩建工程 T1、T2 航站楼、海悦天地商业综合体等公共建筑项目，获得国家及河北省优秀设计奖 20 余项，其中包括全国优秀工程勘察设计奖、中国城市化进程十大影响力工程、中国可再生能源学会科技支撑示范奖、国家优质工程银奖、“感动河北”工程设计成果奖和河北省十佳建筑奖、李春奖等。主持和参加编制河北省工程建设标准、技术创新 20 余项；在建筑节能、绿色建筑、超低能耗建筑、装配式建筑等技术研究应用方面，始终走在河北省同行业的最前列。

学术成果

主持的“‘四新四节一环保’技术在建筑中的综合应用与研究”科研成果获河北省科委科技进步三等奖，“建筑信息模型 BIM 在住宅设计中的应用研究”科研成果获河北省建设行业科学技术进步一等奖；技术创新“被动房建筑构造通用图研究”“装配式剪力墙住宅建筑设计研究”获省级一等奖；在核心期刊发表学术论文《建筑节能适用技术选择与应用》《建筑环境空间秩序的再造》《大型商业综合体交通组织设计》等多篇。

单位评价

李君奇同志大学毕业至今已在我院从事建筑设计工作 35 年，以建筑专业技术带头人的角色，担任过许多大型建筑项目设计的项目总负责人。在数十年的工程实践中，他将深厚而广泛的专业理论与精湛的技术创新相结合，创作出许多优秀的设计作品，获得数十项省级以上奖项，受到业内外诸多好评和赞誉。该同志工作严谨，精益求精，社会责任感强，承担着行业内科技领域若干项技术咨询专家和标准化工作，为引领我省建设行业发展和技术进步做出了贡献。

成长之路

家乡，是每个人心中最温暖的地方。说起我的家乡，我会自豪地说我的家乡是定州。定州是个历史文化名城，历史上的定州，人杰地灵，拥有辉煌灿烂的文化和不胜枚举的俊杰。谈到定州的建筑，更是首屈一指。目前保留的除了最知名的千年砖塔“瞭敌塔”之外，还有唐代的“文庙”、宋代的“开元寺”、清代的“贡院”等古建筑街区。定州的建筑以历史悠久而闻名，定州曾涌现出不少能工巧匠，擅长建筑绘画、雕刻、砌筑等。许多建筑技艺流传至今，也成了部分定州人赖以生存或提高生活品质的法宝，也正因为拥有众多的建筑从业者，定州被称为建筑大县。现在的定州拥有上百万的人口，自改革开放以后，大量的农业人口流动到各大城市，从事建筑行业，成为城市发展的建设者。

我出生在1964年，那时定州的农村刚刚闹过水灾，唐河沿岸洪水泛滥，遍地荒凉，本来就为数不多的贫瘠土地更难以支撑百姓的生活。所幸的是我的家庭是单职工家庭，父亲从部队转业后到了当时的河北省省会天津工作，老家的穷困生活迫使母亲跟随父亲到了天津，我才有幸在1964年的冬天出生在那个繁华的城市。父亲微薄的工资无法满足一家几口人在城市的消费，一段时间后我便随母亲回到了家乡定州潘村。

基于太多的原因，三岁的时候我被送往姥姥家寄养，从此在农村姥姥家度过了我的童年。我对幼时的印象清晰而又自然。姥姥家是个大家庭，有几个舅舅和阿姨，最小的大我九岁。在这里我得到了更多亲人的陪伴和照顾。幸运的是，姥姥家有不错的文化传承，讲究琴棋书画，姥爷也是个手艺人，还在上学的舅舅们给了我启蒙教育。我清楚地记得，舅舅们借来珍贵的书画给我，教我习字画画，院子里地面上到处都是我用树枝划过的痕迹，花鸟人物，尽管那是最简单不过的线条。上小学以后，大人们为我制作了一些特殊的玩具，增加了毛笔、笛子、胡琴、鼓镲等，于是围墙上挂出了一张张“大”字，菜园里、院子里不时响起尖锐刺耳而又执拗的摩擦声。两年之后，家长们的评价是我的文化课还行，至于毛笔字，非柳非颜不值一提，倒也算端正。无论如何，这个阶段，培养了我对书法、音乐、绘画等艺术的兴趣，乐观活泼的性格。那时又有谁知道这些与我未来的从业与发展有着多少关联和影响呢？

我所在的高中，是距家15千米的南支合中学，县里四所重点中学之一。那时候的基础教育底子很薄，乡村教学质量普遍较差，也只有各村镇的尖子生才能考得上重点高中。同学们表现得聪明伶俐，单纯活泼，我在那里寒来暑往苦读了三年。那时候的我最盼望的是每逢周末的“放风”，和小伙伴们一起，飞快地骑着单车驰骋于回家或返校的马路上，不惧风雨泥泞。如今，我更常忆起集体宿舍的草席通铺，操场兼食堂，早晨冰凉的单杠，跳起来也够不着的篮球框。学习环境是艰苦的，同时也伴随着无限欢乐和童趣。我深刻记得，校长严肃地站在小舞台上，那充满激情的演讲，我们夜读的幽幽灯光，更感恩受教于一批大学毕业的优秀老师们，并常以“宝剑锋从磨砺出，梅花香自苦寒来”激励自己，学习勤奋而踏实。当时高考本科录取率极低，但1983年，我拿到了大学录取通知书，我被河北建筑工程学院工业与民用建筑专业录取了，这让我倍感幸福。从此，我也与建筑结下了一生的不解之缘。

“建筑”对我来说是陌生的。填报志愿的时候，我征

蓬勃青春的大学校园时光

询过老师的意见。老师说：这个专业嘛就是盖房子的，你看见定州塔了吗？还有贡院、文庙，城市里的高楼大厦，那就是建筑。他还说这个学校的毕业生可以去北京工作，建设首都北京。就这样，我满怀希望，兴高采烈地来到了塞北之城——张家口。步入大学以后，宁静的校园，温文儒雅的教授、老师和学长，浓厚的文化氛围，朴素的校风，很快稳定了我浮躁不安的情绪，消除了莫名的窘迫。建筑学专业需要美学功底，尽管写生、绘画课时有限，却引起我极大的兴趣。我在课余时间勤学苦练，使自己的基本功力有了一些提高，这也为日后的创作奠定了一点基础。那时全国高校缺少统一的建筑学教材，随着专业教学不断深入，我感受到建筑学的博大精深，也感受到自己知识面的狭窄，在修完了必修课之外，我又尽可能多地选修了相关课程。经过几年的认真学习，我对建筑行业和建筑学有了起码的认知和更多的了解，也建立了专业学习的信心。读在课堂，学在校外，在老师带领下我们多次到北戴河、北京、天津等地参观实践，领略建筑艺术的精髓，也正是在这个过程中我深刻体会到建筑创作是需要扎实的学问的。在那个激情热血的年代，作为“80年代的新一辈”，我们要做社会的栋梁，作为建筑学院的大学生，我们就是要建设好我们的国家，成为一名优秀的建筑工程师。同时，我感到对于未来和建筑知道的太少，求知若渴，于是积极参加学校的各种活动和讲座，努力吸取知识。大三的时候，我加入到校学生会，参与学校的一些社会活动，同年，我被批准成为一名光荣的中国共产党党员。

1987年大学毕业，我被分配到河北省建筑设计研究院（简称“省设计院”），从事建筑设计工作，正式步入了建筑设计的职业生涯。改革开放之后，建筑行业迎来蓬勃发展的新时期。来自全国各高校的三十多名新一届毕业生中，学建筑的有十几名。彼时省设计院专家学者众多、人才荟萃，迎来了快速发展的高潮。老一辈总建筑师徐显棠、李拱辰、崔道汝等人亲切和蔼，亲自指导并与我们一起创作设计。当时的建筑学流派纷呈，有功能主义、形式主义等，来自各所大学的理论也是百花齐放，在省设计院良好的学术氛围下，在老一代建筑师的引领下，新一代年轻建筑师互相学习实践，获益匪浅，得到了快速成长和提高。我从学习适应到独立创作，尝试性完成了河北省机械进出口公司、省外贸产品基地公司办公楼、北郊汽车站等项目的规划建筑方案及施工图设计。省设计院旧办公楼四楼“西大”办公室，曾是我院朝气蓬勃、活力四射的建筑创作中心，同时期办公的就有郭卫兵、孔令涛和郝卫东几位优秀的建筑大师。勾画草图、马克笔渲染、画水粉画、制作模型，体味建筑、学习创作，任意挥洒的青春时光历历在目。

随着建筑行业的繁荣，20世纪90年代始，省设计院在广西北海和上海陆续开设了分院。1992年我作为年

设计伊始蹒跚学步徒手耕耘

投身方案创作研习绘画表现

轻骨干建筑师和设计尖兵，被院里率先派往广西北海分院承接设计任务。在这里大家工作生活在一起，做的是设计，谈的是设计，想的还是设计，一行便是几个月的时间。异地的风土人情和设计创作不仅丰富了我的生活阅历，也开阔了我的创作思路，工作能力得到了快速提升。在这里我还完成了首次晋升考试，成为一名中级职称的建筑师。

1995 年的时候，我已经能够独立承担中型以上建筑项目的方案及施工图设计，具有一定的组织能力，基本掌握了建筑设计程序，常常被任命为项目设计总负责人。做好建筑创作的同时，在老一代建筑师（王世宏、罗存智、宋绍清等）指导下，我还深入建筑技术的研究与应用，掌握相关专业知识，组织协调内外部的项目设计工作，承担起项目负责人的责任，努力成为复合型专业人才。

在北海分院与王溪建筑师及火车站模型照

上海分院是我院对外经营的窗口，也是参与市场竞争更为激烈的舞台。上海分院建设初期，需要派出人员，我第一批投入到上海分院项目设计中，从前期建筑方案到施工图，这一个猛子下去，一个接一个项目，一晃就是五年。这两次分院工作的经历，让我体验的不仅仅是生活的脉动，一次次工作上新的挑战，对建筑的认知和对环境设计的把握，不知不觉开阔了我的视野和思路，从认识到设计都发生了重大转变。设计工作是繁忙而又漫长的，在分院工作持续数月甚至一年，给年轻的家庭带来了困难。无论如何，我们与众多同样年轻的伙伴们一样，把青春汗水抛洒在了上海，创出了河北院的品牌，充实了内心的渴望，收获了不负青春的那份坚持和成长。烙印在我们内心深处的是一次次的合作与成功带来的喜悦，是和同事、同行间的友谊。这期间，我主持了上海绿地集团锦绿新城住宅小区规划方案及施工图设计、上海大学特种实验中心施工图设计、梅陇新村居住区规划及初步设计等项目。

锦绿新城项目包括高层住宅、大型商业等建筑，共计 18 万平方米，是我院当时在上海承担的大型重点项目之一。作为项目负责人，我没有辜负领导的信任，周密安排，倾心设计，全面承担了项目设计的规划、建筑方案及初步设计，历经数月，投身于方案竞标与技术合作，更多地研究和掌握了不同地域的建筑文化和环境特点，同时创作出了一批优秀的住宅精品设计方案，也为我院总部的住宅设计水平提升提供了助力。

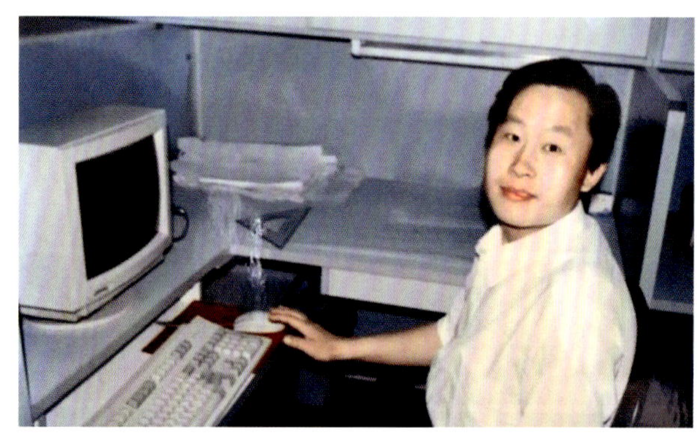

计算机时代孕育了设计的一切

上海大学新校区特种实验中心项目，是上海市重点项目，也是国家重点教学实验室之一。作为设计负责人，我广泛地与上海教委、大学教授和专家进行交流与讨论，掌握了所有科目的特种实验需求。尤其是在物理、化学、力学实验，机械锻造、精密加工、表面处理工艺等实验科学范畴，积累了工艺设计经验和建筑空间秩序、结构设计、环境处理经验，在特殊的防电磁、防辐射、防腐蚀、防震动、隔声减噪、环保节能等一系列建筑技术应用与实践方面取得了丰厚的经验，解决了不同环境要求的技术难题。在设计过程中最大的收获是在分析建筑形式与功能的适应性，环境空间要求和技术适用性等方面，得到了实实在在的提高，在上海分院工作的这段时间里，虽苦尤甘，各方面的成长为未来奠定了坚实的基础。

调研南北建筑思考环境东西（苏州园林）

与建筑师同行（胡翌、范进金）一起在北京

1998年的时候，我取得了国家一级注册建筑师资格，同年被评为高级建筑师。在一次前往上海大学的路上，同行的李拱辰总建筑师微笑着告诉我，你的注册考试科目建筑设计考了74分，因为正好是样卷，被我不小心看到了（李总是评委）。这已经是考试成绩公布两个月之后的事情了，我满脸的愕然。这件事情不大，但时至今日，我想到的是前辈们严谨的专业态度和高度的社会责任感，是他们的学者风范和光辉在时刻影响着我。十年磨一剑，建筑师之路伴随着不断的学习、磨炼、追求和快乐。从与国际职业建筑师接轨角度上说，我刚刚取得了“驾照”，具备了建筑师的基本能力和资格，但在设计所的生产过程中，从建筑前期创作到主持项目建设完成，我已经挑起了大梁。

2001—2003年辗转数载，又经历了一些更为复杂的项目设计，如长安大厦高层综合楼、东胜大厦高层商业写字楼等数万平方米的建筑设计之后，我与同事们交流合作、互学互进，专业上日渐有了自己的思考，从建筑形式美学、建筑环境空间组织、功能流线及交通设计等方面取得更深刻的认识和提高，先进建筑技术的应用把握日益灵活。这些都反映在廊坊联通、捧拳踻体育馆等项目设计上，我把城市环境要素与建筑有机联系，建筑的文化属性和地域特点更多地表现出来。尤其在燕赵信息大厦的施工图设计上，我仔细研究每一个细节，把控建筑与环境空间的关系，推敲建筑细部和形式语言表达，组织协调各专业形成良好的配合，成功地完成了现代化程控机房、网络数据机房、业务办公调度及附属功能高标准的环境需要，保证了建设期间的技术转换、正常运行安全。这座建筑作为该时期省内为数不多的中庭式建筑，被赋予了特定的文化象征。值得一提的是，该设计大胆尝试、创造性地应用了大跨度竖向单索点式玻璃幕墙，成为我国第一例用于工程实践的该形式玻璃幕墙，取得了理想的环境效果。该项目率先采用绿色建筑的设计理念和技术，在环保节能设计上采取了一系列措施，实现了河北网通总部的建设环境设想，取得了满意的使用效果和用户的好评。

大型公共建筑设计与指导

德国科隆 ifes 绿建研究所与霍夫曼教授在一起

2004年公司改革，我被聘为院副总建筑师。从此，我不仅要自身做好建筑设计，还要做好专业管理工作。承担的大型项目规模越来越大，综合性越来越强。房地产开发市场的繁荣，带来了城市改造建设的发展机遇。随后承接的石家庄市重点城市改造项目（棉二生活区改造），现状条件复杂，开发强度极高，总建筑面积51万平方米，包含了商业综合体、高层住宅、写字楼、公寓、多层住宅回迁区及附属建筑等。项目量大面广，技术问题错综复杂。得益于以往承担大型项目设总的磨炼和专业修养的培养，得益于建筑创作与技术的共同进步，我在建筑设计上终于可以放开手脚，充分运用自己和大家的智慧，创作出用户满意的优秀作品。

除了主持重点项目设计以外，我同时承担了院级项目设计审定、审核把关的岗位责任，并承担起建筑新技术和专门科学的应用研究工作。随着国家建设形势的发展，节能减排成为设计研究的一个重点方向。采用“四新”技术解决建筑环境问题，展开建筑节能环保和绿色设计技术应用，成为我工作中的重点内容。2006—2007年，我主持了河北建设服务中心项目设计，并成立了“四新四节一环保”技术在建筑中的综合应用与研究的科研小组，率先提出了“建筑节能适用技术”的设计理念，完成了《建筑节能适用技术选择与应用》的论文并在国家核心期刊发表，主持完成的科研成果获得了河北省建设行业科学技术进步一等奖、河北省科委科技进步三等奖，国家“十一五”规划科技支撑计划中的可再生能源与建筑集成技术示范奖。

北京奥运会前后的几年，我陆续主持设计了许多大型重点项目，如石家庄正定国际机场改扩建工程T1航站楼、T2航站楼及航站区扩建的若干子项目，石家庄城市改造项目金正缔景城、海悦天地商业综合体等。我珍爱自己所从事的事业，遵守职业道德，科学严谨地工作，建筑创作与科学技术同步创新。我们应对社会和人民负责，营造一处处能够满足人们物质文化需求的现代建筑。从项目设计、课题创新到标准化工作，通过总结来自实践的经验，我进行专业理论研究，发表了论文若干篇。

被动房建筑调研在德国

随着建筑文化与技术的发展，新的理念和环境条件要求越来越高，综合性建筑要求具有全面专业技术和过硬业务素质的人员去面对，出现的各种各样的新问题需要采用全新的办法、特殊的手段去解决，墨守成规是不行的。面对数字城市、智慧城市、生态城市建设等，我们需要扩展知识结构和深化研究专业技术问题。我仍然坚持学习，在建筑信息模型（BIM）应用、装配式建筑技术设计和新型材料与构造的应用研究、被动式超低能耗建筑及绿色建筑的设计要点等方向，多次参加国内外培训与交流，率先在工程设计中示范使用，引领我省新形势下建设行业的技术进步。

为适应行业不断发展变化的需要，我经常提醒自己，不能拘泥于以往的经验，先从总体大局入手，从用户的角度，从城市的观点来审视当前的设计。习惯成为自然，更多的设计获得了成功，设计作品成为精品。工作之余，我参加的全省各类建设行业活动，包括建筑绿色节能、质量安全、建筑消防、人防工程设计方面的学术交流、项目评审和案例分析等。在绿色建筑、被动式超低能耗建筑和装配式建筑等方面，参与制定相关标准和评价，承担我院技术研发及设计指导工作，我不断创新思想，努力不懈地工作着。未来的建筑设计工作，仍然需要广泛学习，我将进一步增进自身的修养，更好地为我国建设事业服务。

石家庄正定国际机场改扩建工程 T1 航站楼

建设地点：河北省石家庄市
建筑面积：55538 平方米
设计 \ 竣工：2006 年 \ 2008 年
获奖情况：河北省优秀工程勘察设计一等奖、国家优质工程银质奖、河北省十佳建筑、李春奖

石家庄正定国际机场改扩建工程包括航站楼、办公楼、能源中心等系列改造。石家庄机场原 T1 航站楼总建筑面积 25873 平方米，为满足高速发展的航空需要和奥运备降保障需要，改扩建新建建筑面积 30069 平方米，最终形成约 55538 平方米的新航站楼。改扩建工程设计解决了交通流程和功能空间需要的矛盾，保证了建设期间不停航运行的的使用状态和资源的综合利用。通过金属屋面的交叉覆盖、大幅面竖向单索玻璃幕墙、大跨度梭形钢管桁架结构体系，实现了新旧建筑的空间融合。借助现代技术与材料，精心刻画所要塑造的环境空间和形式，值机大厅、候机厅秩序分明，远眺室外，前广场的自然绿色景观与交通实现和谐流动。内外空间通透，宽敞明亮，交通标识清晰，具有现代交通建筑明显的高效率、快节奏、方便舒适的文化特征。项目采用了大幅面点支式玻璃幕墙，一系列节能环保、节资节材技术和智能化技术，体现出以人为本的设计宗旨和各种活动的随意性，取得了满意的使用效果，超出了改扩建的预期。

石家庄正定国际机场改扩建工程 T2 航站楼

建设地点：河北省石家庄市
建筑面积：183000 平方米
设计 \ 竣工：2011 年 \ 2012 年

石家庄正定国际机场改扩建工程 T2 航站楼是自 2008 年北京奥运会以来，应机场航空业务迅猛发展需要而进行的第二次扩建，设计目标年为 2020 年，航空运输客运量达到 1800 万人次。设计范围包括 T2 航站楼、国际国内货运站、信息中心、机场货运服务中心、机场场务综合楼、安检办公及急救中心、办公及旅客过夜用房、供电站、能源中心、供水站等飞行保障、生产生活保障设施、交通设施及室外环境和地下管网设计等。按照规划设计目标，进行大规模升级改造，实现了建设硬件设施的大幅度提升。

T2 航站楼建筑平面呈“T”形布置，建筑面宽 306 米，进深 513 米。航站楼的平面采用三段式布置，包括主楼、指廊和卫星厅三部分。建筑结构采用混凝土柱，屋面采用钢管桁架及铝合金复合金属板屋面；建筑规模宏大，空间尺度较大，设计上把握住了整体空间形式，并且在符合流程的前提下，进行了交互空间的延伸设计。各部功能空间有机联系，良好地融合在整体环境中，使用舒适，方便快捷，集成应用了最前沿的建筑技术，满足了现代化航站楼智能化管理的需要。

石家庄华润中心（商业综合体）

建设地点：河北省石家庄市
建筑面积：537300 平方米
设计 \ 竣工：2015 年 \ 2017 年

石家庄华润中心超高层建筑、特大型城市商业综合体，是石家庄市城市中心区改造项目，也是石家庄市重要的商业建筑之一。该项目总建筑面积 537300 平方米，地下建筑面积 145200 平方米，地上建筑面积 392100 平方米。超高层塔楼建筑高度 134.76 米，最高层数为 38 层，为绿色建筑一星级。建筑主要功能包括商业、餐饮、院线、健身、特色商业街、KTV、办公、超市等。从城市设计角度入手，弧形裙房面规划建筑尽可能降低对街道空间的迫近感，沿城市展开面更为自然顺畅，分别耸立的塔楼获得了良好的空间视野和物理环境。建筑设计采用玻璃幕墙结合简洁的金属线条，规则的窗格划分使韵律干净轻快，分割了巨大的建筑体量。项目采用先进的商业设计理念和步行街模式，融入了当前最新技术和 BIM 设计，营造出健康、舒适、方便的商业环境。

河北建设服务中心

建设地点：河北省石家庄市
建筑面积：22192 平方米
设计 \ 竣工：2006 年 \ 2007 年
获奖情况：河北省优秀工程勘察设计一等奖、 全国优秀工程勘察设计行业奖二等奖、全国人居经典建筑规划设计方案竞赛金奖、2009 中国城市化进程十大影响力工程、建设部可再生能源与建筑集成技术应用示范工程奖、国家优质工程鲁班奖

河北建设服务中心项目是国家“十一五”规划科技支撑计划中的“可再生能源与建筑集成技术应用示范工程”。总建筑面积 22192 平方米，建设规模地上 6 层，地下 1 层，建筑高度 22.3 米，钢筋混凝土框架结构。作为河北建设行业主管部门的办公楼，项目强调城市区域建筑环境与人文环境的统一与和谐，突出表现出“为民、亲民、便民、高效”的办公文化和建设行业历史发展与文化进步的特点。对外交流服务空间、展示空间、多功能空间的外向型需求和内部环境空间等建筑空间形式和布局集中展示了河北省建设事业发展形象，反映着现代政治、经济、技术、艺术等方面的状况和成就。从建筑形式、空间塑造到内部装修，设计在艺术领域内的表述尤其引人关注，体现了建筑良好的文脉沿革和人文精神，构筑了建筑的文化品位。建筑表达形神合一，表现出时代精神，具有明显的行业建筑文化特点。

结合项目设计，开展了现代建筑集成技术应用的课题研究，主要应用了 18 项“四新四节一环保”新技术，成为河北省具有代表性的公共建筑节能 65% 示范工程。建筑节能研究应用取得了建设部科技司大力支持和鼓励，科研成果获得河北省建设行业科技进步一等奖、河北省科委科技进步三等奖。本项目在全国同行业节能建筑中具有一定的社会影响力，并在河北省建设行业发挥着巨大的建筑科技、节能示范引导作用。

河北省网通集团公司燕赵信息大厦

建设地点：河北省石家庄市
建筑面积：40000 平方米
设计 \ 竣工：2001 年 \2007 年
获奖情况：河北省优秀工程勘察设计一等奖、河北省十佳建筑

燕赵信息大厦是河北省网通集团公司业务办公和机房综合楼。其中庭式建筑旨在以共享空间为核心，围绕大厅布置各种功能空间。通过条形布局进行围合，并以走廊及局部开放性空间为过渡，形成以共享大厅为纽带，辐射周边的各种独立空间秩序。建筑设计重点研究了城市空间的拓展和环境协调，以适当的建筑体量和幕墙尺度取得与城市街道空间的融合关系。建筑采用白色、浅蓝灰色镀膜玻璃，沿街面由细腻的金属线条与玻璃幕墙形成特殊肌理，现代的设计语言和不同材料组合的艺术处理形成生动的外部形象，别有意蕴和境界，呈现出高技术条件下的现代办公和网络文化，亲切、明快、雅致。透明玻璃幕墙意在追求内外空间渗透，取得自然环境与私密空间的延伸和对话，赋予建筑健康舒适的环境特征。在照顾建筑与环境协调的同时，采用借用、吸收与重塑的手法，实现建筑自身与周边环境共生共融的目标和意境，形成大众能够接受、容易解读的高质量的文化氛围。

棉二生活区改造项目（汇景国际商业综合楼）

建设地点：河北省石家庄市
建筑面积：113100 平方米
设计 \ 竣工：2004 年 \ 2005 年

棉二生活区改造工程是 2005 年石家庄市重点城市改造项目之一，是集住宅、大型商业、宾馆、写字楼、公寓等功能为一体的综合性建筑群。园区总建筑面积 516973 平方米，其中最大规模综合楼为 1# 楼，建筑面积 113100 平方米。1# 楼是由塔式高层写字楼、宾馆、板式 29 层住宅楼连接 5 层商业裙房组成的综合建筑群。该项目立足于城市改造建设，拆除老旧职工住宅、宿舍，在满足住宅回迁的基础上争取土地资源的合理化利用，新增配套设施建设及房地产开发的商业、宾馆、写字楼等项目。该项目地处市中心区域，开发强度大，克服了用地紧张的困难，除满足住宅卫生间距外，合理规划功能布局，调整了空间利用，尽量退让道路红线并设置较大面积的商业广场，调整消防交通道路和回转场地，分别解决了不同功能的外部交通出入口，完善了整个园区的配属功能，优化了交通组织和各种功能空间秩序。

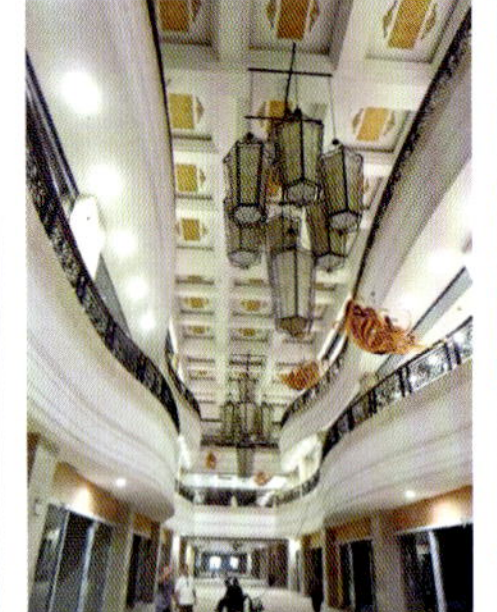

金正海悦天地

建设地点：河北省石家庄市
建筑面积：340200 平方米
设计 \ 竣工：2010 年 \ 2013 年
获奖情况：河北省优秀工程勘察设计二等奖

金正海悦天地项目是集大型商业、办公、餐饮、宾馆、文化、休闲娱乐等功能于一体的特大型高层群体商业综合楼。总建筑面积 340200 平方米，地上 32 层，地下 3 层，框架剪力墙、筒体结构。建筑由一座高度为 150 米的超高层宾馆写字楼及五座 53 ~ 100 米高一类商业办公楼连接整体 5 层商业裙楼组成。

该项目是石家庄市旧城改造重点项目，设计重点考虑了大型商业综合体的空间形态、建筑尺度与城市规划相结合，整合建筑功能布局，优化总体交通环境，尽可能减少对城市交通和空间的压迫。抓住能够沿裕华路展开的有利地形，借助与高架桥之间的城市绿地环境布置超高层，沿街建筑做适当退让，营造商业场所必需的交通场地，弱化建筑对街道的影响。总体上把与住宅区之间的道路规划为商业一条街模式，建立二层外廊和平台南北联系，扩大交通空间容量，人流互动，共同形成庞大的商业建筑群体，以适应不同商业业态和经营模式的外部空间环境。从城市设计角度出发，获得该建筑群与城市交通的良好衔接和融合关系。从商业业态的特点出发，引入室内威尼斯水城概念，突出解决了高大空间商业的交通、防火疏散、声场环境和温湿度问题，给石家庄市民提供了充满异域风情的购物商业场所。

石家庄万科翡翠公园

建设地点：河北省石家庄市
建筑面积：230000 平方米
设计 \ 竣工：2017 年 \ 2019 年
建筑设计：石家庄市第一批装配式住宅小区、被动式超低能耗建筑

石家庄万科翡翠公园项目一期 C3 地块（装配式住宅）是石家庄市第一批装配式住宅小区，设计目标为二星级绿色建筑小区。总建筑面积 230000 平方米，共 8 栋住宅楼，建筑层数 22 ~ 33 层，建筑高度 67.5 ~ 99.8 米，钢筋混凝土剪力墙结构。小区东侧沿街为配套商业，西侧沿街为幼儿园和托老所。其展示区为钢结构建筑，旨在营造健康舒适的环境。幼儿园、托老所两栋建筑为被动式超低能耗建筑。该项目引入了健康住宅、智慧管理的概念，设计采用了大量前沿技术，为公众提供了高技术、高质量的宜居住区。

上海大学新校区特种实验中心

建设地点：上海市普陀区
建筑面积：22000 平方米
设计 \ 竣工：1999 年 \ 2000 年
获奖情况：河北省优秀工程勘察设计一等奖

上海大学新校区特种实验中心是上海大学新校区的主要建筑之一。建筑总建筑面积 22000 平方米，地上 5 层，建筑总高度 23.9 米，钢筋混凝土框架结构。该建筑主要功能包括上海大学 39 个学科的课程实践、实验室，被确定为上海大学的主体实验室和国家部分重点学科的辅助实验单位。该项目主要包括物理、化学、高分子、生物化学、材料力学、结构力学、表面处理、金属工艺等主体实验室和车间。

从总体规划上，该项目地处教学区一隅，为与总体规划环境相融合，建筑平面呈“E”字形布局，面向教学楼。设计考虑了不同学科的实验环境要求，空间与流线布置合理，动静分区有序，形成了联系紧密、交通方便、各学科有机协调的空间形态布局。以丰富变化的多层建筑形体划分出不同的场地空间和绿地，突出了建筑与自然的协调关系，以浓厚的园林式建筑布局形式， 为学校提供了丰富多彩的教学活动空间。建筑立面以规则的开窗和直接细致的线条划分，简洁明快，与主体教学建筑群相呼应，突出严肃紧张、科学严谨的高校文化；建筑技术上重点解决了实验科目所需的荷载、防震动、防电磁、防辐射、防尘洁净、防腐蚀、防污染等环境要求，取得了师生们满意的实验环境效果。

罗宝阁

国家一级注册建筑师、正高级工程师、高级规划师。1990 年毕业于湖南大学建筑学系建筑学专业，获得工学学士学位。1990 年至 2003 年在北方设计研究院工作，历任工程师、高级工程师、主任工程师。2003 年至今在中土大地国际建筑设计有限公司工作，历任总建筑师、副院长、公司总建筑师、副总经理。

社会任职

中国建筑学会会员，中国医疗建筑设计师联盟第一届理事会理事，河北省土木建筑学会建筑节能与绿色建筑学术委员会委员，河北省土木建筑学会建筑师分会理事，河北省工程勘察设计咨询协会建筑工作委员会副主任，河北省医疗养老建筑工作委员会副主任，河北省消防建筑工作委员会副主任，石家庄铁道大学硕士研究生校外指导老师，河北工业大学客座教授，北京市既有建筑改造工程技术研究中心河北分中心副主任，河北省小城镇建设协会副主任。

主持工程情况及荣誉

秉着以工匠精神作设计的态度，作品多次获得国家级、省级、市级优秀设计奖。其中，石家庄市历史遗存保护规划获国家级三等奖、开元环球中心获省级优秀设计一等奖、哈励逊国际和平医院获中国医院建筑奖、河北省地理空间技术创新基地获省级建筑设计一等奖，另外还获得省级优秀设计二等奖五项、市级优秀设计一等奖十余项。先后荣获河北省先进工作者、河北省建筑大师等荣誉称号。

学术成果

先后发表论文、著作若干篇、部，代表作有《超高层建筑酒店空中大堂的设计思考——以开元环球中心希尔顿酒店为例》《地理文脉，空间传承——河北省地理空间技术创新基地》《大型综合养老服务中心设计实践与探索——以保定蠡县养老综合服务中心项目设计为例》等；并探讨植入建筑设计的理论和实际创作，如《论“植入建筑”在医疗领域的应用——以石家庄儿童医院为例》。主编、参编省级规范标准若干项，如《康养社区建设规划设计标准》（DB13(J)/T 8381—2020）、《居家养老服务中心建设规范》（DB13/T 2739—2018）等。

单位评价

罗宝阁同志，作为我公司建筑设计方面的领军人物，多年来始终坚守在设计第一线，善于学习，勤于思考，涉略广泛，业务全面，基础理论扎实，技术水平精湛。罗宝阁同志主持设计了一大批重大项目，特别是在超高层建筑、既有建筑改造、医养建筑等方面颇有造诣，并形成了自己的设计理论和方法，在业界具有一定的影响力，多项工程荣获国家级、省级、市级优秀设计奖。罗宝阁同志以强烈的社会责任感和高超的专业水准，助力城市发展，为建设行业做出了一定的贡献。

心之所向 素履以往

穿过时间的长廊，回首成长道路上所经历的奋斗历程，感慨万千。那些人、那些事、那些过往，已经深深印刻在我心里，犹如阳光下的金沙，熠熠生辉、光彩夺目。打开成长相册，往事仿佛就在眼前，历历在目。曾经付出的勤奋和努力，孜孜不倦的不懈追求，以及建筑人生的苦乐甘甜，如海边那温暖双足的细沙让人眷恋，让人难以释怀……

一、启航

1968年我出生于冀东山区，河北省迁西县一个淳朴美丽的小山村——台头村。那里燕山横亘、滦水中流、栗树满山、黍谷飘香、湖光潋滟、鸟语花芳，87千米的明长城依然伫立，春耕秋收的劳作年复一年。我的父母就是日夜劳作在这片热土上的普通农民，靠每天辛勤耕耘养育着我们调皮捣蛋的三兄弟。儿时的我，上树掏鸟蛋，下河摸鱼虾，山里采蘑菇，田间追蝴蝶，快乐得就像风一样，大自然成了我最早的启蒙老师。嗅着田野中弥漫的勤劳气息，看着四季缤纷的农村景象，憧憬着星罗棋布且深邃的夜空，我懵懵懂懂地长大了。“少成若天性，习惯之为常”，父母的勤劳、善良与坚韧深深地影响了我的性格，大自然的造化灵秀汩汩地滋养着我的心灵。

哲学家歌德曾说过，不是每个人都能生来拥有一切，而是靠他从学习中所得到的一切来造就自己。

为了接受更好的教育，我初三转入当地一所镇中求学，但不无遗憾的是，错过了三角函数部分的课程。对我一个新学生而言，那就是一道天大的坎儿，面对困难无路可退，不能服输，于是我完全依靠自学，砥志研思，一点一点攻克，反而这部分学得最透彻，得到当时的数学任课老师——魏老师的大力赞扬。凭着这股刻苦钻研的劲头，我以优异的成绩考上了县一中，也是凭着这股刻苦钻研的劲头，高中阶段的学习成绩一直名列前茅。1986年高考我以全县理科第二、物理单科第一的好成绩，直取苍龙，被湖南大学建筑学系录取。这一纸录取通知书，对一个山村的农民家庭来说视同拱璧，弥足珍贵。

我在收到录取通知书的那一刻，既有跳跃龙门的喜悦，也有对未知领域的忐忑：因为我当时志愿填报的是心仪的计算机专业，却意外地被建筑学专业录取。建筑学专业是干什么的？从来没见过的高楼大厦长什么样？带着疑问与憧憬我踏上了南下的列车，开始了新的求学之旅。更没想到的是与建筑学专业不期而遇的邂逅，却让我对它钟情一生……

大学军训

二、缘起

及至入学后，看着繁华都市的高楼大厦和车水马龙，听着南腔北调和热闹喧嚣，触摸着千年学府博大精深的文化底蕴，感受着“唯楚有材，于斯为盛”的岳麓书院的气质，这一切都强烈地震撼着我的心灵。一代建筑教育英才——刘敦桢、柳士英等先贤开创的湖南大学建筑学系，底蕴深厚，老、中、青师资匹配，名师如云，有巫纪光、闵玉林、黄善言、柳展辉、陈文琪、张举毅、赖力、陈希平、王振军、魏春雨等博学多才的优秀导师；而来自全国各地才华横溢的我的同学们，带给了我全新的感受，也带来了全新的挑战。

旧有的思维模式被打破，由理性的逻辑思维转向感性的形象思维，初期我深感不适。由于美术的底子薄，一度自信心遭受重大打击，这时毕业于中央工艺美术学院时任美术老师的陈希平副教授给了我极大的鼓励与帮助。犹记得他用那沙哑的嗓音、浓重的南方口音对我的谆谆教导，不具名地在课堂上表扬我的钢笔速写习作相较入学绘画测试的进步。美学及用笔方面的巨大进步，使我信心倍增，在这种艺术氛围的熏陶滋养下，我的艺术修养也得到了迅速提升。

北京学习

大学是一生储备知识最为宝贵的时期，犹记得大一的北京认识实习、大二的古城凤凰水彩实习、大三的深圳生产实习、大四的湖南大学建筑设计院的毕业实习，使我对建筑设计的表达、认知有了系统的体会，基本功也逐渐夯实。四年的大学生活，通过建筑设计、建筑历史、建筑材料、建筑物理、美术（素描、速写、水彩、水粉）、摄影、大学语文等多方面的系统学习，让我受益匪浅，犹如给我插上了一双翱翔的翅膀。我也用四年的时光和汗水，把一幅空白画卷，亲手描绘成了一幅属于自己的七彩画卷。

这时我才感受到，与建筑学的邂逅是那样的美丽，它的魅力光彩夺目、令人神往……

与日本建筑师交流

三、积累

1990 年大学毕业我被分配到北方设计研究院（原兵器工业部第六设计研究院），从事建筑设计工作。在这个部属央企大院，我有幸认识了一大批基本功扎实、胸有韬略的设计大家，其中包括河北省建筑大师孙兆杰、谷岩、岳欣、曹胜昔，河北省结构大师孙贺臣、张洪波、齐建伟、郝贵强、王振宗、宫海军等，他们有的是前辈、领导，有的是同事、朋友。在他们的言传身教和无私帮助下，我有条不紊地开启了自己的设计生涯。我从最基本的工业与民用建筑设计做起，在实践中探索建筑设计本质，通过一个个具体的工程案例，积跬步，至千里，不断学习体会，逐渐成熟起来。我历任助理工程师、工程师、高级工程师、主任工程师等职，先后主持或参与了石家庄市桥西区政府、石家庄东海大厦、河南省周口市中级人民法院、石家庄亚太大酒店贵宾楼、河北农业大学教学楼、江苏省常州市高开区管委会、河北职业技术师范学院逸夫楼等大量的工程项目。

20 世纪 90 年代，随着改革开放，深圳特区、上海浦东相继开发建设，紧随时代的脉搏，紧跟改革的步伐，我先后被派到深圳分院、厦门分院、常州分院、烟台分院工作，在改革开放的最前沿，繁重的工作锻炼了自己的能力，大千世界开阔了自己的视野，那是一段充满挑战和欢乐的经历，也是一段再难复制的机遇。

2003年，我调入河北大地建筑科技有限公司（河北大地土木工程有限公司）建筑规划设计院工作。适逢我国基础建设的高峰期，我把握机遇，励精图治，与志同道合的同伴们一起，把团队从20余人发展到160余人，历任院总建筑师、副院长，打造了包括超高层、医疗、适老、综合体、住宅等在内的各具特色的设计专业团队。2019年起，我开始任公司总建筑师、公司副总经理等职，主管公司整个民用建筑设计版块，助推公司进入飞速发展的快车道，开始了又一段新征程。

我深知，要成为一名优秀的建筑设计师，既要有专业的素养，也要有专业的高度和认知，自己的作品更要有跃然于空间的精神和风骨。为了进一步提升自己，我多次到英国、德国、瑞士、日本、新加坡、泰国、越南等国家进行医疗建筑、商业综合体等的专项考察学习，国内学习采风的足迹更是跨越大江南北、城市乡村。这些经历使自己开阔了视野，积累了经验与素材。我在多年的生活积累和工作经验积累的基础上，并不满足于既有的领域，带领团队通过请进来、走出去、由合作到独立的战略，开辟本土设计企业较少涉及的全新领域——超高层建筑。开元环球中心的设计就是多方合作的一个精品之作。

河北开元环球中心作为省内首屈一指的超高层建筑，地上53层，地下4层，总建筑面积约179000平方米。该项目功能比较复杂——地下功能涵盖停车场、设备房和后勤用房等，地上功能涵盖入口大堂、餐饮、会议、商务办公、接待及休闲餐饮、酒店客房等复杂功能。鉴于该项目功能的复杂性、特殊性，邀请了若干专业顾问公司，其中有希尔顿酒店国际管理公司、日本KKS观光企划社集团、深圳良图设计咨询有限公司、香港迈进机电工程顾问有限公司、新加坡KKS室内企划社、深圳厨源餐饮设计有限公司、上海迈进外墙建筑设计咨询有限公司、深圳金宝声学环保顾问有限公司、上海中巍结构工程设计顾问事务所及照明、视听、景观、标识等公司，实现了点、线、面全方位的合作，烦琐而有序。针对当年这华北第一高楼，我多次外出学习、请教，积极和酒店管理公司、各顾问公司配合，圆满地完成了这一超高层五星级酒店项目，这是自己职业生涯中一个重要的里程碑。

在工作中，我深深体会到，建筑源于生活，更要服务于生活。作为一名有着强烈社会责任感的建筑师，“以人为本”是不变的追求，关注特殊社会群体的需求，是时代赋予我们的社会责任。于是我在医疗、养老、残疾人等公共民生项目方面潜心研究、积极实践，取得了不俗的成就，也为满足社会需求做出了自己的贡献。

哈励逊国际和平医院——衡水市唯一的国家三级甲等综合医院，其南院区项目设计目标是打造冀东南高端人文特色的现代化医疗服务体。该项目建设地点位于衡水市南郊新城，设计床位800张，投资30亿元，总建筑规模达20万平方米。在众多设计条件限制下，综合权衡城市、医院、公众的利益，设计分流医院优势科室，形成肿瘤中心、高端妇产及外科中心、儿科及内科中心等特色诊疗中心，并整合中医养生、科研培训等职能，打造一所高品质区域医疗中心，提升了医院医疗条件和能力，满足城市和公众不断提高的医疗软硬件需求，实现医院的跨越式发展。2018年5月，该项目设计方案获得“中国医院建设奖”，是华北地区唯一获此奖项的

开元环球中心工地服务

在德国包豪斯设计学院考察

项目。

在医疗建筑设计领域，我还先后完成了以河北医科大学二院西山医院、河北省中医院、石家庄市儿童医院为代表的近50项省、市、县级医院设计，涵盖综合医院、专科医院、中医院、妇幼医院等门类，奠定了团队在河北省医疗设计领域的地位。

在适老建筑设计领域，我主持完成了河北省老年大学、蠡县养护中心、河北省残疾人托养基地等项目。

同时，作为一名建筑设计师，我注重履行自己的社会责任。在2008年汶川地震对口援建时期，团队承接了平武职业进修学校、平武惠民帮扶中心等项目。我们克服了时间紧、任务重的困难，心系灾区，以一颗火热的心投入到这项特殊的事业中。团队多次远赴灾区实地调研、组织生产，认真对待每一个环节，攻坚克难，按时保质完成了这项光荣任务，并获得四川省优秀设计二等奖，我个人也因此荣获了省级先进个人的荣誉称号。

此外，团队还承接、参与了多项政府民生工程，如石家庄市街道提升整治项目、“智慧泊车”项目、井陉县古村落修缮提升项目等，所作的设计均得到了上级领导和群众的一致肯定。

在一大批重点项目的主持完成过程中，我积累了综合建筑策划、可行性研究报告、项目申请报告、节能评估报告、社会稳定风险报告、物有所值评估报告、绿色建筑、装配式建筑、行业标准、建筑设计方案、初步设计、施工图设计、一体化设计、项目招投标等工程各个环节的工作经验，业务水平和技术能力不断提升，渐入佳境。主体建筑设计领域则涉及超高层、商业综合体、办公、医疗、科研、文化、住宅等多个领域，并在超高层建筑、医养建设领域形成了团队的设计品牌和特长。

渐渐地我对建筑专业的感觉已进入“惊觉相思不露，原来只因已入骨”的境界……

四、淬火

在长期的设计实践探索过程中，个人也逐渐形成了自己的设计核心思想，即植入式建筑设计理念——建筑师通盘考量项目的特点及条件制约，解决好建筑的内部各种使用功能和使用空间的合理安排，建筑与周围环境的协调融合，最终与项目文脉契合，使建筑仿佛由大地自然生长出来。建筑是有机的整体，应充分考虑城市文脉、条件、功能、空间等，用建筑师的情怀，为社会打造天人合一的环境。

作为领头的总建筑师，我根据项目的功能需求、环境特点、人文特色、空间品质，以虔诚的工匠之心打造有态度、有温度、有广度、有高度的“植入式建筑”，推动河北本土建筑的发展。我时刻恪守以人为本、以空间为本、以尺度为本的设计宗旨，并倾注全部的智慧和火热的激情，使每件作品的创作都承载着自己的理想，记录着设计人生。从业三十多年来，在建设的大潮中，我矢志不渝，始终坚持对建筑本源的探寻和研究，并取得了累累硕果。

我先后发表论文、著作十余篇、部。代表作有：《藏秀于心——河北省中医院综合病房楼工程设计品析》《四川省平武县职业高级中学灾后重建设计》《基层中医院设计初探》《浅谈节能建筑的设计与思考——河北地理信息基地的节能设计与思考》《超高层建筑酒店空中大堂的设计思考——以开元环球中心希尔顿酒店为例》《地理文脉,空间传承——河北省地理空间技术创新基地》《大型综合养老服务中心设计实践与探索——以保定蠡县养老综合服务中心项目设计为例》《论“植入建筑”在医疗领域的应用——以石家庄儿童医院为例》等。

主编、参编省级规范、标准若干项，如：《河北省无障碍设施导则》、《康养社区建设规划设计标准》（DB 13(J)/T 8381—2020）、《居家养老服务中心建设规范》（DB 13/T 2739—2018）、《养老机构建设规范》（T/SBX 08—2018）、《养老机构建设验收规范》（T/SBX 09—2018）、《河北省工程建设标准设计图集》（DBJT 02-85—2016）、《新材料、新工艺、新模式——河北省新型墙体材料生产和应用指南》和《传染病医院建设指南》等，不仅建立了一支知识型、研究型的设计团队，同时也为建筑设计的规范化发展做出了贡献。

我认为，一座好的建筑既要具有专业性又要具有艺术性，既要具有时代性又要经得起历史的考验。为此我带领团队对每一个设计方案无限次地切磋琢磨、力求精湛，根据建筑需求，设计作品或古朴，或俊朗，或庄重，或散逸，我们赋予它应有的生命力，并让其服务于社会。在我的设计作品中，河北省开元环球中心（省内最高建筑）、恒大中央广场（超高层商业综合体）、石家庄市儿童医院（一体化设计）等项目在承载服务功能的同时也提升了城市气质，为城市景观增光添彩，把建筑做成了一件艺术品，得到了业界的认可和广大群众的喜爱。

建筑设计是一个无限接近完美的过程，三十余载不忘初心，砥砺前行，不断反思，不断提升，每一件作品必殚精竭虑，每一项工程必不遗余力。一楼一厦传佳韵，一砖一瓦总关情，心之所向，素履以往。路漫漫其修远兮，我会一直走下去，一个理想者、一个跋涉者、一个朝圣者、一个坚守者、一个建筑师……

恒大中央广场

建设地点：河北省石家庄市
设计时间：2016 年
用地面积：57300 平方米
建筑面积：450000 平方米

恒大中央广场是石家庄市首个环境景观化、业态主题化，包含时尚旗舰店、文创、美食、娱乐、空间艺术、商务全感官之旅的休闲都市商业街区，由五栋高层、一栋超高层建筑与不同形态的商业组成。立体商业街三层，通过天桥、天梯、天庭等设计手法将建筑内部空间和城市公共空间、地下交通空间和地上建筑紧密地结合在一起，各类尺度不同、空间各异的室内外空间为使用者和访客提供了一站式的工作、生活、购物、娱乐与休闲服务。外观的设计灵感源于苍岩山壮丽的岩质脉络，加以抽象整理后，以现代的手法表现出横向纹理，无论是平行的金属线条，还是晶莹的玻璃幕墙，或是岩石色彩与质感的石材幕墙，都层叠有致，塑造山势之感，体现强烈的地域特色。

河北开元环球中心

建设地点：河北省石家庄市
设计时间：2008 年
用地面积：106000 平方米
建筑面积：178600 平方米
获奖情况：河北省优秀工程勘察设计一等奖、石家庄市优秀工程勘察设计一等奖

本项目是一栋集酒店、写字楼、餐饮等多种功能于一体的超高层综合体建筑，地上 53 层，地下 4 层，裙房 4 层，建筑高度 245 米，目前为石家庄市最高建筑。

以科学分析为依据，精细化设计为原则，对总图、平面与竖向交通流线有效组织、合理分配，保证公共区的舒适性和易识别性，后勤区的便捷性和有序性，防火疏散的安全性；建筑的每一处空间都精雕细琢，将传统建筑的精髓与内敛含蓄的民族特征完美融合，给身在其中的人无限空间遐想与震撼；立面造型运用现代简洁的建筑形体，进退有序，采用竖向线条的组合，使人联想到东方文化中“梳子”的形象，高耸直插入云，在明朗的天穹下傲然屹立。

主楼为钢管混凝土框架—核心筒混合结构，合理结构体系的选用，亦与功能空间有机结合：斜柱转换实现办公大空间向酒店客房层的转变，管桁架解决了宴会厅的超大空间，伸臂桁架斜撑使结构加强层与设备层完美结合。

石家庄宝能中心

建设地点：河北省石家庄市正定新区
设计时间：2014 年
用地面积：64000 平方米
建筑面积：349000 平方米
获奖情况：国家二星绿色建筑设计标识认证

石家庄宝能中心项目紧邻正定新区会展中心和中心公园，地理位置优越，由 7 栋塔楼组成，1#、2# 楼为超高层 5A 级写字楼。

本项目创造了低碳、生态、智慧的办公环境和商业配套，为企业办公、生活提供了保障。项目通过对建筑空间和玻璃幕墙肌理的处理，塑造了“正定古塔”的建筑造型，使得建筑既有古典塔的形象，又不失现代建筑的特征；通过结构上的“斜柱”处理，使得建筑“塔顶”的收分形体与功能既统一又典雅大气，陪衬出宝能中心的挺拔和在新区的中心地位。

石家庄保利购物广场

建设地点：河北省石家庄市
设计时间：2013 年
用地面积：29000 平方米
建筑面积：133000 平方米
获奖情况：河北省优秀工程勘察设计二等奖、石家庄市优秀工程勘察设计一等奖

设计充分利用地形，沿体育大街布置办公与商业裙楼，商业以家庭娱乐、儿童、餐饮、大卖场、家居购物五大品类为核心，成为石家庄独一无二的休闲生活体验中心。设计结合现有的建筑立面风格及其所对应的品质标准，分析当地百姓对建筑立面的喜好和理解，立面风格定位在经典简约的现代风格上，凸显经典和质感，创造一类具有一定价值认同感和相当品质标准的综合体建筑，以此引领当地办公商业市场。

未来时间

建设地点：河北省石家庄市
设计时间：2013 年
用地面积：10000 平方米
建筑面积：100000 平方米
获奖情况：河北省优秀工程勘察设计一等奖、石家庄市优秀工程勘察设计一等奖

秉承山水城市的设计理念，外立面全部采用新型玻璃幕墙，简约、现代；开放式的公共景观空间，结合优越的地段位置和完善的商业氛围，凸显建筑高品质属性。

石家庄市儿童医院

建设地点：河北省石家庄市
设计时间：2019 年
用地面积：37000 平方米
建筑面积：128000 平方米

新建石家庄市儿童医院（石家庄市妇幼保健院）项目作为石家庄市唯一一所三级妇幼保健院，承担着石家庄市妇女儿童的群体保健、健康教育、预防出生缺陷和妇产儿科的诊疗救治等服务，是重要的公共卫生组成部分。

规划考虑医院文脉，以“城市旗帜、生命之舟、天使之翼、有凤来仪”为设计构思主题，在总体规划及单体造型设计中均有呼应，展现出浑然一体的特色。考虑新院区用地特点、妇幼医院功能特点与环境要求，本方案以“集中布局、高效适用”为原则，采用经典的门诊—医技—住院三段式布置，在总体规划与内部功能设置方面创造出适应未来发展的现代妇幼特色医院。建筑通过抽象化的线条诠释帆船和翅膀，以多义性的内涵让人联想到美好事物，以顺畅柔和、变化有序的横向线条辅以体块变化，形成简约而不失大气、舒畅自然的建筑形象。

用地面向主要城市界面友谊大街，分别经东广场、6 层门诊医技综合楼和两栋 17 层住院楼逐渐后退、逐渐升高，以开放、包容的姿态面向城市主街敞开怀抱，西侧面向规划公园形成住院康复花园，打造具有较高辨识度的城市地标建筑，对各个方向的城市形象均有所关照。

哈励逊国际和平医院南院区

建设地点：河北省衡水市
设计时间：2016 年
用地面积：62500 平方米
建筑面积：200000 平方米
获奖情况：2018 年度中国医院建设奖

设计方案试图在满足医院各项功能需求的同时，平衡城市、医院和公众对医院的期待，综合考虑形象、功能、经济因素，提出以创造性的造型展现地域文脉、以集约化的功能保障医疗流线短捷、以人性化的建筑亲近自然、以适应性的智能系统保障运行、以领先的绿色节能技术促进绿色医院目标的实现等设计理念，打造一个床位近千张、地上医疗面积达 112000 平方米、地下附属面积达 88000 平方米的“高端医学中心”，成为引领区域医疗产业发展的航母。设计创意摆脱对于“形”的简单追求，而追求“流光溢彩、上善若水”的“神”。建筑以银白色作为主色调，金属板和玻璃相映成辉，如同水面上的粼粼波光，静谧而优美——她是城市中的医疗之岛，也是向每个市民开放的医疗花园！

河北省中医院综合病房楼

建设地点：河北省石家庄市
设计时间：2012 年
用地面积：6400 平方米
建筑面积：70200 平方米
获奖情况：河北省优秀工程勘察设计一等奖、石家庄市优秀工程勘察设计一等奖

本项目虽然为新建项目，但因在原址新建，设计之初，就考虑与现有医疗资源的整合，运用功能一体化的理念再造医院新医疗流程。这对设计提出了多方面限制条件，经过多轮方案比选，新建部分采用了集中式布局，引入了一条 6.6 米宽的医疗主街由新建病房楼门厅向西延伸至原门诊大厅，将新旧部分的门诊、医技单元串联起来，同时也将两个主楼的竖向交通核心有效地联系在一起，成就了明晰短捷的医患流线。

双共享空间的处理，提升了内部环境品质。主入口两层共享大厅、主楼的 5 ~ 17 层中庭，均以中式元素进行装饰，并以中医浮雕等传统艺术作品作为装饰，不仅营造了强烈的中医药文化氛围，更改善了内区房间的通风与采光。另外，结合中草药文化，在屋顶打造“中医百草园”，为医患营造了休憩、放松的屋顶景观！项目的建成，有效改善了医患的工作、休养环境，提升了医院空间品质。

中国南车石家庄基地综合办公楼

建设地点：河北省石家庄市
设计时间：2012 年
用地面积：15000 平方米
建筑面积：21000 平方米

本项目主楼与裙楼形成动态平衡关系。主楼通过体形的穿插形成简洁大气的风格，运用建筑横向线条的流动和外形凹凸表现建筑的流动与速度感，与南车的产品在速度与动感方面取得一种呼应；裙楼部分采用具有强烈动感的体形与动车机车造型形成联系，弧形的屋顶飘板与南车标识形成呼应，构建起一座动人的办公建筑。

河北省地理空间技术创新基地

建设地点：河北省石家庄市
设计时间：2011 年
用地面积：6900 平方米
建筑面积：27100 平方米
获奖情况：河北省优秀工程勘察设计一等奖、石家庄市优秀工程勘察设计一等奖、国家二星绿色建筑设计标识认证

河北省地理空间技术创新基地是集省级基础地理信息数据采集、编辑、保管、测绘应急指挥、测绘科普等功能为一体的综合楼。

建筑在南、北两侧退让出公共空间，以契合城市肌理与功能要求，避免对北侧市场及院内产生压迫感。东南角的地球仪意为文化的一个窗口、一个平台、一个发射器，彰显地理文化，建筑以不同的立面姿态与周围的城市环境进行对话。

在周围以小尺度建筑为主的城市环境下，通过体块的穿插组合，化解大尺度的建筑体量，进而实现从各个角度均可呈现挺拔的建筑面貌。塔楼采用铝板幕墙结合石材的形式，对应不同的朝向，立面丰富而统一，满足不同朝向和视线下对建筑形象最优化的需求。

河北省残疾人职业培训和体育训练中心
残疾人就业培训和托养基地

建设地点：河北省石家庄市
设计时间：2006 年
用地面积：10600 平方米
建筑面积：34600 平方米
获奖情况：河北省优秀工程勘察设计二等奖、石家庄市优秀工程勘察设计一等奖

整个项目分两期建设，一期结合原有一栋多层办公建筑，改扩建为职业培训和体育训练中心（设游泳池、坐式排球场、羽毛球场、篮球场、乒乓球室及接待服务等），二期在其西侧相邻建造，主要为残疾人提供就业培训和托养服务，两期完成后将为河北省残疾人提供集中、完善的专业服务功能空间。

经过充分研究现场情况，设计精心布局，分区明确合理，配套设施完备。一期训练中心与二期托养中心均采用“L”形布局，背部贴邻，功能连通，有机结合，沿街面形成一个整体。外部空间自然围合成两个方形入口广场，引导人流集散与车流走向。

训练中心作为中国残疾人体育训练基地之一，是一所适合残疾人使用，具有无障碍设施及残疾人特殊体育器材的体育场馆，为河北省残疾人体育运动的开展和 2008 年残疾人奥运会提供了有力支持；托养中心更为广大残疾人健身康复、发挥潜能、展示才华，全面融入社会生活，共享人类文明成果起到了极大的促进作用。

张家口未来之城南区可再生能源综合商务区

建设地点：河北省张家口市

设计时间：2017 年

用地面积：505000 平方米

建筑面积：117100 平方米

方案立足张家口本地文脉和洋河新区形象需求，有序组织用地，使得项目自身在保持有序、有机、分区明确的同时，充满现代、自然的气息。

通过圆润的建筑造型与流线形屋顶平台在不同层面融合、连接，创造具有动感的建筑空间、统一的建筑色彩及简洁的立面形式，形成具有有机整体感和时代感的标志性建筑。

广西体育高等专科学校

建设地点：广西壮族自治区南宁市
设计时间：2019 年
用地面积：294300 平方米
建筑面积：241400 平方米

本项目以水为题，傍水而建，构建开放、共享的现代化教学平台，彰显体育类专科院校蓬勃向上的进取精神，体现治学严谨、形式活泼、思想自由、兼容并包的现代办学理念。

流水，象征着涌动的血液、跳动的脉搏，贯穿始终，展现体育健儿不断进取的蓬勃生机；止水，象征着博大的胸怀、自由的思想，以“心”为聚，展现百花齐放的学术氛围与兼容并包的办学理念。

本案以水为轴，分为东、西两区，西区主“静”，功能以教学、办公、居住为主；东区主“动”，功能以室内外运动场地及生活配套为主。动静分区明确，干扰较小且联系便捷。

涞源华中假日酒店

建设地点：河北省保定市涞源县
设计时间：2017 年
用地面积：151400 平方米
建筑面积：180600 平方米

总体规划将不同类型的功能空间通过南北、东西两条主轴线有机地组织成整体。建筑主体布置在基地中央，形成前后两个开放空间。前面为城市和建筑共用的公共绿地，后面则形成半私密的绿化景观。南北轴线为贯穿整栋建筑的交通主线，建筑群体沿此轴线展开，形成开敞、半开敞庭院。东西轴线通过入口广场、绿地、室内绿化以及水体环绕的中庭，构成丰富的空间体系和景观体系。

项目宗旨是在优越的地理环境里创造出优雅、舒适的居住环境，以人为本，使自然、人性、科技得到充分的融合。

国源和天下

建设地点：河北省石家庄市
设计时间：2004 年
用地面积：867000 平方米
建筑面积：2903000 平方米

项目采用了自然流动的规划结构、经典的简欧风格与造型。设计溯源现代自然园艺灵感，演绎自然天成园林。地形起伏变化，空间感受丰富，营造城市舒缓的悠然生活氛围，充分体现了国人所追求的“仁者乐山，智者乐水”的山水意境的生活。

倪明

1971 年 2 月 20 日出生于新疆维吾尔自治区克拉玛依市，祖籍云南省昆明市，汉族，中共党员，秦皇岛市建筑设计院党委书记、院长，河北省勘察设计大师、国家一级注册建筑师、正高级工程师（建筑学）。1988 年 8 月—1992 年 7 月就读于河北工业大学建筑系，获工学学士学位；2012 年 3 月—2014 年 10 月就读于南开大学商学院，获 EMBA 硕士学位。1992 年 8 月—1998 年 8 月在秦皇岛玻璃工业设计研究院工作。1998 年 8 月至今在秦皇岛市建筑设计院工作，历任所长、副院长、院长、党委书记。2020 年“倪明创新工作室”被评为第七批秦皇岛市劳模和工匠人才创新工作室。

社会兼职

河北工业大学和河北建筑工程学院客座教授，燕山大学研究生校外导师，河北省工程勘察设计咨询协会理事会副会长，河北省土木建筑学会建筑师分会理事，中国人民政治协商会议秦皇岛市委员会委员、人口环境资源委员会副主任，河北省工程勘察设计专家委员会专家，中国房地产研究会住房保障专家组成员，秦皇岛市博士专家联谊会副会长。

学术研究专著和论文

2019 年在燕山大学出版社出版《建筑创造美好——秦皇岛市建筑设计院倪明团队作品集》和《创新驱动战略下的项目管理研究》；建筑设计方案“白塔岭小学”入选《新时代中小学建筑设计案例与评析（第二卷）》；《青龙县南湖哈满族民俗博物馆设计》刊登于《建筑设计管理》2019 年第 1 期；《特殊基地条件下中小学校园规划设计策略研究——以青龙县第四中学为例》刊登于《建筑设计管理》第 5 期；《卢龙县职教园区中职部项目设计理念与手法》刊登于《建筑设计管理》2017 年第 4 期；《秦皇岛市开发区第六小学设计理念与手法》刊登于《建筑设计管理》2014 年第 9 期。

工程获奖情况和行业标准规范及专利

主持的项目获全国城乡规划设计奖三等奖 1 项；获河北省优秀工程勘察设计一等奖 4 项、二等奖 9 项、三等奖 6 项；获市级一等奖 20 余项；参与编制国家、省、市级行业标准规范 5 种；获发明专利授权 4 项。

单位评价

倪明同志从事建筑设计及管理 30 年，工作中锐意进取，学术上精益求精，以扎实厚重的专业基础和开拓创新的忘我精神主持设计了诸多大型标志性建筑，在专业水平、人才培养、拓展开放、改革创新和城市更新等多方面都有精彩建树。他以学术带头人的角色引领一批批年轻朝气的建筑师创作出一系列精品建筑，获得多项国家、省、市级设计奖项。他兢兢业业，为设计院的发展做出了突出贡献。他具有高度的社会责任感，得到了社会各界的一致认可。他为推动秦皇岛城市创新、协调、绿色、开放、共享的高质量发展做出了杰出贡献。

风之子

我是倪明，秦皇岛市建筑设计院党委书记、院长，河北省勘察设计大师、国家一级注册建筑师、正高级工程师（建筑学），30 年的建筑设计磨砺，我以一个又一个精心设计的建筑作品，在秦皇岛大地上筑写自己的名字，见证了秦皇岛城市蓬勃发展的历程。

少年不知愁滋味

一、寻趣追梦，结缘建筑

广漠的新疆准噶尔盆地西北部乌尔禾，这里被叫做风城、魔鬼城，是风力侵蚀下鬼斧神工的杰作。20 世纪 70 年代，我出生和成长于此。那时候乌尔禾还不是网红之地，但充满了神奇色彩。只有到过魔鬼城之后才能切身体会到，风造物无痕迹的让人顶礼膜拜的力量，因此我常以风之子自居。大漠孤烟直，长河落日圆。生长在茫茫戈壁，使得我的成长饱含豪情，对生命既充满了敬畏，又具备了更加顽强的意志。因为风风火火和敢作敢为的性格，无论在哪里我都是“孩子王”，带领一帮“疯孩子”四处冲杀，无所畏惧。那时候虽然物质贫瘠，但我们充分享受大自然的馈赠，下河捉鱼、上树采桑、戈壁游猎、风雨嬉戏、仲夏捕蝉、严冬雪趣、昼游渠河、夜望星空……过着少年不知愁滋味的快乐时光。新疆地广人稀，来自五湖四海的人们关系融洽、互助友爱，人们对美好未来无限憧憬，充满希望地努力着，到处都是一片生机勃勃的景象。广阔的天地，和谐的氛围，纯净的空气，自由的成长，成就了我，一个不拘小节、豪情万丈的风之子。

高中联欢

1978 年，我来到云南昆明老家，在这四季如春的城市和祖父母度过了 5 年的欢乐时光，完成小学学业，小升初取得了明德二小第三名的优异成绩。在这里我深深地体会到大家族的温情和西南边陲别样的粗犷和智慧，尤其是受到军人出身的祖父影响，融入了雷厉风行、敢当作为的行事风格。祖父好书法，叔叔爱绘画，受他们熏陶，我潜移默化地迷恋上绘画，还表现出一定的天赋。像当时许多孩子一样，我不但爱看连环画，更喜欢临摹，用画笔描绘心中激情满怀的英雄好汉，对绘画痴迷让我拥有了天马行空的想象力和异彩纷呈的形象思维能力。

有人说，设计靠的是某种与生俱来的天分，而我的灵感源自对绘画的热爱和敢于担当的豪气。正是凭借这份激情和热爱，我报考了河北工业大学建筑学专业，因为这个专业有美术课程，能满足我继续绘画的愿望。虽然没有经过专业训练，但凭借多年“自我修炼”的绘画感觉，我顺利通过了建筑学专业加试美术的考试。就这样，我与建筑学结缘。和想象的一样，建筑学专业的确可以尽情放飞我绘画的梦想。随着大学美术专业课的深入学习，我对绘画的热爱愈加疯狂，老师要求每周交一幅作业，我交两幅。在几位美术老师悉心指导下，我的美术成绩名列前茅。一年寒冬，天降大雪。望着漫天飞舞的雪花，我按捺不住内心的冲动，背起画夹，冲到学校旁边的西沽公园，在严寒和飞雪之中，激情与灵感碰撞，创作了一幅《飞雪寒林图》，惊艳了所有老师和同学们，大家无不竖指称赞！夏天五台山的美术课实习，山里的天像孩子脸说变就变，午后的晴空转瞬暴雨如注。同学们一起在那个叫做"风雨楼"的门洞下避雨，我被眼前在风雨中挺立的城楼所震撼，此情此景，再次点燃了我的热情，毅然冲入雨中支起画板，雨水、颜料和画笔交融晕染画纸，《狂风暴雨欲摧城》意境的风雨楼跃然纸上。一位外国友人看后，当场就要买下这幅画作，我婉言拒绝了。这两幅画作一幅送给了恋人，一幅被老师留校成为教学范例。

师生情深

海河之滨的天津，成为我开眼看世界的起点。在疯狂痴迷绘画的同时，也兴趣盎然地开启了对建筑学的探索。我第一次看到五大道上美轮美奂的欧式建筑，被这个"凝固的音乐"深深触动和震撼，当时就想，我也要设计出传世的经典建筑。心之所向是最好的原动力。在大学四年的专业学习中，我呕心沥血、如饥似渴、心无旁骛地全身心投入，刻苦钻研。建筑学专业特有的设计周，是为建筑课题设计最终成图而安排的冲刺周，艰辛异常，让很多同学叫苦不迭，我却陶醉其中，享受着设计成果呼之欲出的快乐。我几乎每天都要干到深夜，宿舍锁门了，只好跳窗而回。粗犷性格迸发的灵感，让设计作业每每大气磅礴，如自然生长般未经雕饰，豪放不羁，其中又不乏对技术的敬畏和对结构逻辑的尊重。我兴致盎然地汲取着建筑美学和美术美学的知识，寻找着二者完美的契合点并运用于建筑设计中，我不断探索着艺术与技术的结合点，沉浸其中，乐此不疲，废寝忘食。凭着自己初生牛犊不怕虎和吃苦耐劳的拼劲，加上教授们的严谨教学和无私教诲，我的建筑理念和设计能力突飞猛进、日益成熟。四年的时光转瞬即逝却难以忘怀，我时常感慨当年做出的 "两全其美"的抉择，绘画和建筑学似乎就是我与生俱来的志趣。在老师们谆谆教导下，我对建筑学由认知到志趣再到感悟，初尝了建筑学之精妙。建筑学独特教与学的模式，促成了建筑系当时和谐融洽、亲如一家的氛围，师生亲如父子，学友情同手足，同学们互助友爱，开心成长。大学四年，我获得了专业技能，体会到了恩情、友情、真情和爱情，学到了相互支持、和谐共处的协作精神，为我的成熟和放飞铺垫了厚重的素质底蕴，践行了"勤慎公忠"的校训。感恩母校！感谢恩师！梦萦桃花堤。

大学时光

二、挑战机遇 初露身手

1992年7月，我以优异的成绩从河北工业大学建筑学专业毕业。大学期间，我豪爽的为人，对学业的执着，赢得了一位志同道合、美丽贤淑的女同学的青睐。我总调侃说因建筑而遇到爱情，是事业和爱情双丰收。正是这份美丽的爱情，让我放弃了改革开放大潮下南下打拼的诱惑，在双向选择之后，来到美丽开放的滨海小城——秦皇岛，成为秦皇岛玻璃工业设计研究院（简称玻璃院）的一名建筑师。从此，便用一张张设计蓝图与这座城市深度结缘。为建设美丽宜居的秦皇岛，我把青春和汗水挥洒在这里。

志同道合

刚报到不久，我承接了广州荔枝花园项目，50多栋别墅和4栋26层高层住宅。那时，放眼全国，高层建筑还不多见，玻璃院的主业是玻璃工业项目，高层民用建筑设计经验少，我的实际工程的历练更是空白。为了顺利完成任务，院里专门成立了项目组，几位建筑师分别做概念设计，择优比选。因极具挑战性，我兴奋地投入了全部精力。那段时间，我天天干到凌晨，不知疲倦地构思，一门心思地反复推敲。建筑在一张又一张图纸中“千呼万唤始出来”。功夫不负有心人，我的概念设计让大家耳目一新，得到广泛认可。比选中标后，由我带领五位建筑师，紧锣密鼓地开始深入细化，该方案顺利通过甲方和规划部门认可并落地建设。这是我毕业后的第一个实际工程，既是挑战又有机遇，项目的成功让我信心倍增。之后经过几个项目的锤炼，我的设计工作已是得心应手，我也学到了团队合作的经验。要想做好设计，除了个人能力和经验外，更需要组织能力和团队协作精神。我对玻璃院的团队作战能力是非常赞赏的，团队配合严谨、规划有序、控制精准。随着一个个富有创意的建设项目的竣工，我的能力得到了各个方面的一致认同，但凡有挑战的项目，都少不了我的参与或主持。在不断的求索中我如鱼得水，逐步成长为秦皇岛市颇有建树的建筑师之一。

玻璃院在大连设有建筑分院。由于我出色的设计能力和团队协作意识，院领导安排我去大连分院负责建筑设计工作，我自信能胜任而欣然前往。在大连的日日夜夜，我们团队痛并快乐地工作着，《水手》的歌声成为我们自勉励志的源泉。现在我耳边还时常会响起“风雨中，这点痛算什么，擦干泪不要怕，至少我们还有梦……”在这里，我主持设计了一个24层办公建筑项目，从项目前期、建筑方案、施工图到施工现场技术服务全过程参与，我对建筑全生命周期技术服务的理念逐步形成了概念。特别怀念那个奋斗的年代，那时建筑市场的“甲方时代”还不明显，话语权在设计院，建筑师可以充分发挥自己的创作灵感，老板秘书来到院里恭谨地称呼“倪设计”“李设计”……您给设计设计，时不时还送来加班餐，温暖人心，不像现在甲方一个“小兵”在设计院也敢颐指气使、盛气凌人！真所谓无知者无畏！

父爱如山

天有不测风云，人有旦夕祸福。1994 年 12 月 8 日，新疆克拉玛依友谊馆突发大火，父亲因公牺牲，作为克拉玛依市一中的校长，他以生命代价换取了心爱学生的新生。全家陷入无比悲痛的深渊，我于悲伤中难以自拔，意志消沉、无心工作，过着浑浑噩噩的日子。玻璃院海南分院前院长王宝臻总建筑师——玻璃院知名能人，号称“王百万”，总着一身港商装束，拿捏着南方语调，说话抑扬顿挫，总是畅谈他海南的风光经历。在我设计他承揽的广州荔枝花园项目过程中，彼此曾深度接触和交往过，我的能力被他认可和赏识，我也钦佩他的能力和魄力。后来，老先生因年龄原因回院工作。经历过南下改革浪潮的他不甘寂寞，要成立玻璃院民用建筑所，我成为他最佳的合伙人选。他屈尊来到我自名为“砥砺居”的宿舍，和我畅谈人生及他对创建民用建筑所的宏伟规划，此刻我也意识到这样消沉下去不是九泉下父亲的期望。父亲唯一一次出差转道来看我时，获悉我工作成绩后满意的目光和他去机场分别时伟岸的背影闪现在我脑海中，我不能辜负父亲的期望。要振作起来的强烈意识，让我决定和王总去开创一片新天地。艰苦的创业阶段我们脚踏实地地走过来，项目从无到有，业务步入正轨，各专业人员逐步配齐，我作为所长助理初次得到了管理工作的历练。山海关开发区海源培训中心项目是当时一个孤例。那时全国各地建筑纷纷刮起了欧式风潮，在秦皇岛还没有人尝试过，甲方明确这个项目要采用欧式风格，场地高差变化大也是难点。我接受任务后，虽然并不甘心复古欧风，无奈甲方意愿坚定，我只好初试牛刀。我带领韩慧君建筑师查遍了手头所有欧式建筑资料，深入研究其比例尺度，充分考虑地形进行设计尝试，最终的方案获得了开发区领导和甲方的高度认可，项目也顺利实施。为了给欧式建筑锦上添花，我邀请了大学美术老师薛义教授创作了穹顶油画《海神曲》。该建筑成为山海关开发区的一道风景线。

经过几年的磨砺，我付出了许多辛苦，但也收获满满，当时在玻璃院单身宿舍楼里，我和爱人被誉为“最勤奋的两个人”。自己的建筑设计观基本形成，人生阅历愈加丰富，为人处世也更加成熟。

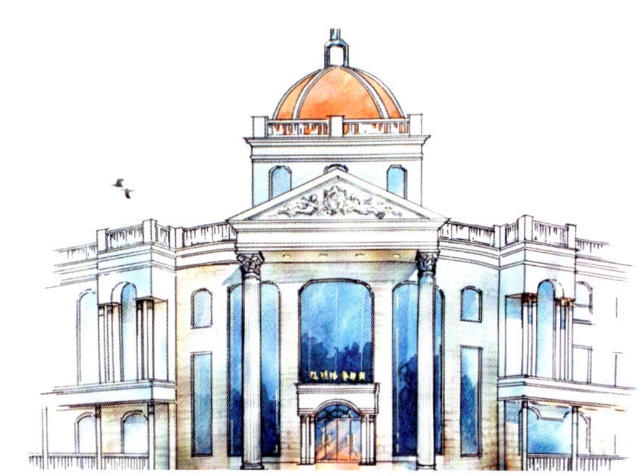

海源培训中心项目纪实（组图）

三、创造美好 再创辉煌

时光飞逝，转瞬已是 1998 年。此时，我在专业领域的进一步上升发展遇到瓶颈，止步难前。我意识到玻璃院的局限性，开始思考自己的发展方向，明确了要在专业方面实现突破性飞越，需要更高层次的发展平台和成长环境。其时，在广州湘江集团担任董事长助理的中学同学牛涛来电话，其公司要来北京、天津发展房地产，需要建筑相关专业的人才组建北方事业部。那时全国房地产业方兴未艾，发展机遇良好，我决定去体验一下这个既熟悉又陌生的行业，同意去应聘，参加了湘江集团北京、天津项目考察，这也是老板对我的考试。通过一周的考察活动，我了解了房地产行业的基本状态，认为可以胜任，老板也较为赞赏我对考察的几个地块的开发和设计思路，决定聘任我为北方事业部经理，开出了非常优厚的待遇。但这个职业将偏离我作为建筑师的志趣，我思虑再三，彷徨在人生的十字路口。

在民用建筑所工作期间，我参加过市里几次投标和专业交流活动，有幸认识了秦皇岛市建筑设计院的总建筑师徐建德先生。他是河北省著名建筑师，毕业于清华大学建筑系，在建筑学专业上有独树一帜的见解，是河北省建筑界泰斗，我异常钦佩。机缘巧合的是，我还在他指导下做过几个项目，项目也都获得了成功。经过深入的交往，他对我的方方面面都比较认可。幸运的是，恰在此时，先生向我抛来橄榄枝，诚邀我来建筑院发展。陡然在我面前出现了两个方向的发展道路，我的人生又一次面临选择。经过反复权衡，终因割舍不下建筑设计，我最终决定去秦皇岛市建筑设计院（简称“建筑院”）发展，继续我心仪的建筑设计工作。1998年8月，我调入建筑院，并且成为徐建德先生的关门弟子，自此开启了我在建筑院的奋斗之路。

建筑院自1959年建院以来，一直浸润在民用建筑设计行业，建筑学专业人才济济，个个都能力出众且个性鲜明，在工作中拼劲十足。甲方也非常认人，常常点名建筑师做自己的项目。我感到前所未有的压力，默默地调整心态，开始平心静气在建筑设计上默默下大功夫。我向先生虚心请教，学习前辈的优点，有意识地去弥补自己的短板——建筑细节的处理。宏扬商厦是我来建筑院的第一个项目，甲方极其挑剔。记不清多少个日夜废寝忘食的推敲，期间也得益于先生的悉心指导，在反复修改了24轮后，方案最终满足了甲方的各种需求，获得规划部门通过并实施。项目落成后成为当时秦皇岛市的标志性商业建筑。通过这个项目我获得了建筑院同志们的一致认可，还收获了甲方的友谊和信任，其之后的多个项目都指名由我操刀设计。对每个项目我都精益求精，建筑落成之后异彩纷呈，取得了较好的社会效果，同时也赢得了越来越多的甲方。北戴河的别墅项目，由于建筑造型复杂，与我配合的结构工程师马大伟一肚子委屈，希望能够简洁一些，我耐心地解释着原由，同时义无反顾地坚持原设计，项目竣工后异常精美，马大伟也释然地说“没有白辛苦”。因这个项目与他结缘，后来他成为我的副所长，还做了我的乒乓球教练。通过自己坚持不懈的努力和付出，我融入了建筑院这个温暖的大家庭，在这个和谐、公平、开放的平台我将更上一层楼。

1999年春节后，在曹学锋副院长主持下，建筑院开始改革机构的运行机制，设计师可以自由组所，推选能力出众的牵头人，以综合所模式运行。全院上下一下子热闹非凡，都在为自己的发展前途而奔走。初来乍到的我，没有更多的人脉，但几个牵头人因认可我的能力而纷纷向我发出邀请。此时，我思想斗争非常激烈，自己有过管理设计所的经历和经验，对业务能力也自信，并且有了一点业务市场，我能不能组建设计所呢？我唯一的劣势就是来院里时间短，人脉和人气欠缺。和几个熟识的建筑师聊起我的想法，他们一致认可，表示可以支持一起组所。我鼓起勇气和院长谈了想法，他赞扬了我的魄力和能力，但认为时机不对，我的院资历太浅，许多同志不了解我，谈话结果在预料之中。但我决定要搏一下，并在院里宣布要牵头组所的消息，一石激起千层浪，使已经落定的组所工作又起波澜，组所活动又进入权衡阶段。我成为这次组所的黑马，但最终还是失败了。不过我当时组建了院里最牛的建筑学团队，虽败犹荣。全院同志们加深了对我的了解，对我给予了广泛赞许。特别是经过此事，我和有竞争关系的建筑学才子、设计三所所长戴利华结下了深厚友谊，大有相见恨晚的感觉。我们团队人员被安排到各个设计所，我也在思考和规划自已的出路，于是向徐建德先生请教。他说：“选一个最不被看好的地方，去发挥自己，不见得是坏事。”这启发了我，让我豁然开朗！放下包袱，选择不被看好的设计二所，脚踏实地从基层做起，一如既往勤奋工作。在大家齐心协力下，二所的业务渐渐多起来，几乎天天要工作到后半夜。虽然辛苦，但是所有的同志都其乐融融、夜以继日地工作着，并且为收获佳绩而倍感骄傲。二所悄然发生着变化，全所呈现了一片欣欣向荣的繁忙景象，我也成为设计二所建筑学领头人。2000年，三所戴利华所长因能力出众，被调到市规划局任职，留下所长空缺，曹学锋院长找我谈话，希望我接任三所所长。那时三所在全院最强、最大、最有实力，机会难得。经过深思熟虑，我认为和二所的同志们一起奋斗才初见成效，这时离开无异于釜底抽薪，我婉转地拒绝了这次机会，全院的同志对我的决定又一次瞠目。不按常理出牌的我的处世哲学就是情谊无价！责任重于泰山！举轻若重和不拘小节的双重性格让我的人生充满戏剧性。我并不喜欢举轻若重的性格，但每每总是无可奈何，以至于给女儿取名“若清”，取举重若轻的谐音，希望她能有举重若轻的处世态度。

2001年，二所所长王奎宝因个人原因，萌生退意，辞去所长职务，院里决定在二所民主推荐所长，我因能力出众、担当作为，能够轻松自如地应对各种状况，被同志们全票推选为所长。我水到渠成地担起了这项重任，并说服王奎宝担任副所长。29岁的我成为建筑院最年轻的所长，还创造了从建筑师直接担任所长的传奇。转换角色后，我从原创设计和年轻建筑师的业务成长抓起，天天和同志们摸爬滚打在一起，手把手无私传授自己的经验心得。随着年轻建筑师的成熟，二所整体原创设计能力成为全院标杆，在市里声名远扬，收到玻璃院的五位建筑师慕名而来加入建筑院。在主任结构师李淑彦引领下，二所结构专业也成为一个团结有为、攻坚克难的团队，为甲方提供安全经济的结构设计，赢得了许多“回头客”；设备、电气专业也由经验丰富的设计师牵头，组建了年龄结构合理的朝气团队。天时、地利、人和的设计二所从一个最不被看好的部门，蝶变成全院的业务能力最强、经济效益最好、社会声望最佳、项目最多、人气最旺、敢打硬仗、能打胜仗的“王牌所”，这一阶段高产了许多精彩建筑。我以开放的姿态经营着二所，为同志们创造全方位的发展路径，先后为社会贡献了多位人才，有博士、硕士、大学教师、公务员、企业家等，另外还有多人逐渐成长为建筑院各级管理人才。设计二所的经历成为我厚积薄发、成为复合型人才的关键时期。

论坛讲演

2008年，在世界经济危机的影响下，秦皇岛市建筑业市场受到前所未有的冲击，业务量急剧下滑，建筑院自然未能幸免，效益不佳，人心思变。我临危受命，被任命为副院长，分管设计所工作。新时期建筑行业发生了巨大变化，项目规模越来越大，专业协同越来越重要，建筑设计开启了大兵团协同作战模式，原来几个综合所的机制，分散了专业力量，形不成合力应对市场。基于此弊端，我经过深思熟虑，开创了设计所间协同设计的工作模式。结合建筑市场的新形势重新定位，发展优质企业为重点客户，精简项目做优质技术服务，组织好各设计所间的配合，发挥建筑院大兵团协同作战的优势，用优质资源做精品建筑，放弃残酷的“红海竞争”市场。经过三年的成长期，我培育了多个优质大客户成为长期战略合作伙伴，使全院业务有了长久平稳的保障，弱化了市场波动的影响，提升了抗打击能力。在巩固本地市场的同时，积极拓展周边地市业务，使其成为全院利润的新增长点。在技术提升方面，除自己培训、交流、学习外，通过和北京、天津等大院的技术合作引智于己，学习其高端技术和先进生产力。通过多措并举的创新发展途径，在建筑业青黄不接的低迷时期，秦皇岛市建筑设计院实现了“软着路”，平稳度过经济危机。

2010年，曹学锋院长还有三年将退休，此时建筑业市场的竞争更加白热化，建筑院国有企业的弊端凸显，经营困难，他选择了退居“二线”，并向建设局推荐我继任院长，希望凭借我的蓬勃朝气带领建筑院再创辉煌。我在全院民主推荐中又一次全票通过当选院长，于2010年11月11日正式走马上任，和党委书记张兴瑞搭档组成了新的院党政领导班子。上任伊始，我提出全院各产业链一盘棋的经营理念，细化区域市场，扩大市场份额，各业务部门都可以承揽院全部业务，实现共享、共营、共赢；成立总监项目部，尝试项目制经营模式。通过对标学习考察先进设计院的经营体制，并结合自身情况及秦皇岛市建筑业的发展形势，院党政领导班子同意了我提议的将建筑院综合设计所整合成专业所模式，所领导班子成员竞聘上岗。通过此次改革，建筑院专业力量形成了合力，适应了行业发展的大趋势，形成了大兵团协同作战的组织架构，一支优秀、活力、肯干的管理人才队伍形成，各所工作积极性、主观能动性和工作效率得到显著提高，出现了设计所集体加班热火朝天的工作景象。2013年，全院实现人均产值50多万元的历史高峰，我的改革目标初见成效。

2015年，我的“黄金搭档”党委书记张兴瑞退休，我兼任院党委书记，并调整了院党政班子，增选年富力强的同志进入院管理层，细化班子责任分工，各司其职；明确绩效考核指标，激活工作动力。我则可以从繁杂的事务工作中脱身，更加深入思考建筑院战略层面的长远发展规划，从市场和技术两个层面展开战略调整。

首先，考虑新时代深化改革大潮的发展趋势，我决定再次启动2004年没有成功的院体制改革，向市委书记孟祥伟提交了建筑院体制改革的发展思路意见书，得到市委书记的认可和批示，并转交市长、常务副市长和主管副市长，各级领导都批示表示支持。不久市政府也针对经营性企事业单位改革出台了具体文件和措施，院体质改革在正合时宜中步履艰难地稳步推进。经过清产核资、财务审计、资产评估、政策沟通、土地分割和几次市长办公会议研究部署，并得益于多个部门鼎力支持，目前改制工作已经到了上政府联审会的准备阶段，为最后的冲刺而努力。建筑院体制改革永远在路上。

项目点评

其次，我提出了“科技兴院，借船出海”的发展战略。“科技兴院”，顾名思义，要以科技创新做技术含量高、附加值高、投入产出比高的“三高”产品，向建筑业高端市场发力，要形成自主核心技术，占领“食物链”的顶端市场。为此，专业分工要更加精细化，在巩固五个传统业务所的基础上，先后又成立了建筑方案创作室、绿色建筑研发中心、钢结构所、装配式建筑所、BIM中心、项目全过程管理咨询中心等创新技术业务部门。大家在各自领域不断摸索，以科技创新增加项目科技成色，提高其附加值，实现绿色、环保的行业高质量发展要求。这些部门都成为院利润的高增长点。“在水一方”被动式低能耗住宅项目成为国家引领示范项目，在此基础上编制了《河北省被动式低能耗住宅图集》；和信科技集团的装配式项目，集成展示了当下最前沿、最环保的混凝土装配式技术、钢结构装配式技术、装配式装修技术和GRC装配式外装修技术等，也是国家装配式建筑的示范基地。在科技创新的尝试中我院不断获得成功，科技创新将是全院永恒的追求。“借船出海”，与在秦皇岛开发的国内知名企业签订战略合作伙伴协议，在扎实推进秦皇岛项目建设的同时，和合作伙伴一起在京津冀地区参与其项目设计，实现“走出去”的发展战略目标。

劳模和工匠人才创新工作室

此外，我还积极倡导推进多层级的战略合作，参加了京津冀城市群建筑设计联盟，利用各自的优势合作完成重点建设项目和科技创新工作；和高校合作成立产、学、研基地，我也成为多所高校的客座教授，担任建筑学研究生的校外导师；参与成立装配式建筑联盟，形成技术联合体去承接工程总承包项目；和天津公司合作项目管理拓展监理业务；投资合资公司建立秦皇岛市 BIM 中心。在建筑产业链上下游拓展业务范围，目前我院拥有工程咨询乙级、建筑设计甲级、城市规划丙级、施工图审查一级资质，具有超限高层审查、岩土勘察甲级、岩土施工丙级、建筑监理甲级、市政监理乙级资格，具备古建筑监理资格等，为当下正在推行的建筑师负责制、全过程项目咨询管理、工程总承包打下坚实的基础。全院制定了绩效考核措施，逐层制定经营指标，逐级传导工作压力，实现多劳多得的激励政策。5G 时代推广无纸化办公，全院工作流程实施钉钉管理，推进协调设计平台的充分运行，尝试 BIM 正向设计的实践，高额奖励科技创新，运用 ISO9001 的质量管理体系保障产品质量，抓牢安全生产等。通过一系列“组合拳”的措施集成，确保我院别开生面的以“常青树”姿态，屹立于“红海竞争”的建筑市场。

在管理经营工作的同时，带领“倪明建筑方案创作室”的一群志同道合、激情澎湃、年轻活力的建筑师们，以无我的工作热忱投身于建筑设计，在孜孜不倦的创作中感悟建筑学的真谛，探寻建筑设计的本源。我们践行着每个城市是由形形色色的建筑单体构成，每一个建筑单体都应该是建筑师精心设计的作品，但必须和谐地融入城市肌理、脉络和环境中的，时代的、本土的、原创的设计理念。几年来，我们团队硕果累累，一个个原创建筑在这个城市拔地而起，慰藉着我们艰苦的付出和努力。我的创作工作室被秦皇岛市工会评为市级劳模和工匠人才工作室。

在建筑院这个平台，我亲历了她辉煌发展的 23 年，带领着这个精英团队不断实践着我的人生格言——“建筑创造美好”！用一幢幢有创意的建筑为岁月树碑立传，为城市建标筑志，为人们提供科技、实用、经济、美观和绿色的原创建筑，我们奋斗不止！ 23 年的锲而不舍，使我成为秦皇岛市建筑设计院新时代的领路人，也见证了美丽、宜居的秦皇岛高质量发展。

倪明，明取自光明磊落，是父母之初心。风之子，恪守雷厉风行，是自己做事的风格。孜孜以求，是不忘初心、方得始终的人生目标。

2021 年 4 月

秦皇岛市规划展览馆

建设地点：河北省秦皇岛市
建筑面积：3600 平方米
设计 \ 竣工：2012 年 \2013 年
获奖情况：秦皇岛市勘察设计一等奖

秦皇岛市规划展览馆位于秦皇岛市植物园内，场地四周绿植茂密，方案充分考虑保护植被，因势利导，避让回旋，形成错落有致的平面布局。设计了格栅空间形成出入口，韵律的格栅光影和婆娑的树影相映成趣，建筑与自然和谐共生。简洁利落的折线造型、竖立挺拔的条窗、变幻莫测的玻璃幕墙和铝板的结合，展现了现代主义建筑风格和展览建筑特有的魅力，成为植物园中的一道风景线。

国际自由港

建设地点：河北省秦皇岛市
建筑面积：53219.6 平方米
设计\竣工：2017 年 \2018 年
获奖情况：河北省优秀工程勘察设计一等奖

国际自由港位于秦皇岛百年老港，原为以能源运输为主的综合性国际贸易港口，曾为世界最大煤炭输出港，具有特殊人文及历史沿革，代表了秦皇岛近代发展的历史脉络。项目提升改造的目标为集旅游、贸易、游艇、娱乐为一体的西港环渤海休闲区。场地内铁路、机械、工业建筑和库房等有鲜明工业特征，因此设计原则是保护其原有风貌，通过梳理场地、打开围墙、连通场地形成步行商业街，对其生态系统进行修复和完善，赋予场地空间休闲性、参与性和趣味性。设计保留原有工业建筑群落，改造建筑空间，赋予建筑新的使用功能，再造其新的生命力。建筑外墙沿用原有红砖材质，用港区内废旧钢板做外窗框装饰，保留建筑原有构建和生产设备作为点缀空间的小品，使工业遗产焕发新颜，唤醒人们百年记忆。檐口、柱身采用素混凝土和大面积玻璃窗等材料体现时代感，铝板格栅的采用既展现工业风貌又围合成灰空间，还完成既有建筑塑形，高低错落的屋面丰富了建筑空间和造型。设计以新时代的崭新面貌传承百年老港的力量和活力，打造出港城独有的滨海遗址公园。秦皇岛工业遗址复兴项目是全国唯一一个沿海港口工业遗址复兴工程。

和信小院

建设地点：河北省秦皇岛市
建筑面积：560 平方米
设计 \ 竣工：2018 年 \2019 年
获奖情况：河北省优秀工程勘察设计二等奖

和信小院充分利用梯形地形和地势，合理布局空间与功能，在梯形四角自然设计出和园、谐苑、诚园、信苑四个院子，用现代设计手法创作出中国庭院空间的意境，营造出别有洞天的精巧小院，体现了和谐诚信的企业文化。建筑外围护采用装配式超高性能混凝土（UHPC）镂空构件，彰显建筑技术的创新，不同大小的圆形镂空在光影中变幻莫测，让建筑熠熠生辉，同时可以鸟瞰戴河公园景观。室内四季厅让北方的冬天也绿意盎然，利用顶光创造出室内空间沐浴阳光的感受，为人们提供了一个宁静、温馨、绿色、自然的休闲、商务场所。

山海关区石河镇北七村迁建项目

建设地点：河北省秦皇岛市
建筑面积：86118.3 平方米
设计\竣工：2009 年 \2012 年
获奖情况：2013 年度全国城乡规划设计奖（村镇规划类）三等奖（2014 年），河北省优秀村镇规划一等奖（2014 年）

山海关区石河镇北七村迁建项目规划以生态的方法，引入树叶的“枝状结构”，整个村庄犹如一片绿叶，掩映于山水之间。利用北七村良好的自然环境背景，充分考虑建设组团间绿化隔离带、公园和绿地、水系、交通等功能分隔要素，形成北七村“一轴两翼四区”的功能规划结构。结合地形条件，新村住宅分为联体单元和院落单元。因地制宜设计户型，联排单元每两排有 3 米左右的高差，分别设计为两层和三层的户型产品。户与户之间也顺应地势高差，依山就势、错落有致的排列。设计突出了坡地建筑形态，北坡与南坡的住宅规划依照自然地势设计，形成了良好的天际线，与远山、近水、农家村落有机结合，使村落与周边优美的生态环境完美融合。步行路的设计以“景随路建，路为景开”为原则，贯穿所有北七村的景观，突出景观游览趣味。太阳能洁净能源采暖、生态沼气和污水生态净化循环再利用等高新科技的应用，让乡亲们有高质量的获得感和幸福感。

秦皇岛市绿色建筑展示中心

建设地点：河北省秦皇岛市
建筑面积：22000 平方米
设计\竣工：2017 年 \2019 年
获奖情况：河北省优秀工程勘察设计二等奖

秦皇岛市绿色建筑展示中心，充分结合地形高差和地块的形态，将三个不同功能需求科学布局，交通组织便利，室内空间丰富。项目设计多个露台空间，为工作在其中的人们提供交往和休憩的共享空间。建筑运用装配式技术的标准化和工业化，实现曲折韵律的表皮和异形多面的形体，展现科技的力量和变化的魅力，也使建筑在时间和光影中实现与自然的对话，赋予建筑生命的活力。项目集中展示了当下最前沿、环保的混凝土装配式技术、钢结构装配式技术、装配式装修和 GRC 外装修装配式技术，成为秦皇岛国家装配式建筑的示范基地和绿色建筑展示中心。

白塔岭小学

建设地点：河北省秦皇岛市
建筑面积：14900 平方米
设计 \ 竣工：2011 年 \2012 年
获奖情况：河北省优秀工程勘察设计二等奖

白塔岭小学，梯形的建设用地成就了项目独有的布局。建筑群紧密围合，隔开周边踧扈的高层住宅群，成为别有洞天的校园，面向运动场八字形敞开，呵护学子们温馨快乐成长。学校入口在用地短边，空间较为局促，建筑门厅向内退让出入口广场。凸出的半圆形阶梯教室自然天成，形成延续的空间序列，创造出富有情趣的室内外空间。建筑造型顺势而为、浑然一体，在乳白色基调的教学楼上点缀灰色装饰，同时增添几处暖黄色构架，以呼应风雨操场和阶梯教室的暖黄色调，形成和谐统一、活泼明快的校园氛围。

秦皇岛市工商银行

建设地点：河北省秦皇岛市
建筑面积：48000 平方米
设计 \ 竣工：2004 年 \2006 年
获奖情况：河北省优秀工程勘察设计二等奖

秦皇岛市工商银行，运用枣核形双曲面主楼和曲线裙房的设计，柔和地处理了城市街角空间，和秦皇岛城市广场遥相呼应，成为广场空间的制高点。玻璃幕墙映衬着时光和季节的变化，弱化了建筑的存在感，减轻了高层建筑的压迫感，给人们亲和愉悦的感受。建筑布局紧凑、功能合理、空间丰富、交通便捷、细节精致，和城市环境和谐共生。该项目成为秦皇岛市的标志性建筑之一。

君御大酒店

建设地点：河北省秦皇岛市
建筑面积：120000 平方米
设计 \ 竣工：2001 年 \2004 年
获奖情况：秦皇岛市勘察设计一等奖

君御大酒店是由 120000 平方米的五星级酒店和高级公寓形成的双子塔组合，一曲一方、一柔一刚，遥相呼应。酒店以双曲面的柔美形态唱和着城市窗口火车站，笑迎四方客，成为迎宾路上的城市坐标和象征。高级公寓则以质朴本真的功能形态伴生于旁，统一和谐。建筑屋顶构架虚实对比、光影变化，增添了建筑造型的层次感，丰富了城市天际线。垂直线条的裙房和水平线条的主体在矛盾中共鸣，营造出建筑独有的魅力。精致细腻的细节、干净利落的整体、深浅暖色的石材、现代科技的幕墙展现着建筑永恒的主题——时代和文脉。

秦皇岛市老年大学

建设地点：河北省秦皇岛市
建筑面积：27000 平方米
设计 \ 竣工：2008 年 \2010 年
获奖情况：河北省优秀工程勘察设计三等奖

秦皇岛市老年大学的设计充分考虑地块西侧城市公园的景观，将建筑群落有机融入城市公园景致。东侧顺应道路拐向惊鸿一瞥的柱廊，形成一个别具生面的建筑过渡空间，既成为建筑的重要标识，又产生明确的领域感，还隔离了街道的喧嚣。用教学区、办公区构成主楼，大空间运动区组成配楼，既动静分离又联络便捷。建筑造型简洁明快，富有雕塑感和时代感，尺度宜人，细节精致。设计利用朝向和景观的优势，营造出高品质的教学、活动场所，成为城市公园的标志。

香格里小区

建设地点：河北省秦皇岛市海港区
建筑面积：120000 平方米
设计 \ 竣工：2003 年 \2006 年
获奖情况：河北省优秀工程勘察设计二等奖

香格里小区，设计充分考虑城市周边环境，选择在城市“金角”敞开，并抬升一层标高形成跌水、台阶、绿植、雕塑、景框等别具一格的主入口，避开城市的喧嚣，打造出怡人的景致。围合的建筑群面向西面的环岛公园敞开，和小区景观形成对景和借景，建筑高低错落丰富了城市天际线。设计开创性地采用了暗红小尺度面砖拼缝和黑灰色窗框及装饰点缀，在对立面尺度严谨推敲和细节精雕细琢后，建筑典雅、厚重、大气，一度成为被模仿的范例，并是秦皇岛市经典住宅建筑和精品居住小区。

京伦首旅大酒店

建设地点：河北省秦皇岛市
建筑面积：76557 平方米
设计 \ 竣工：2013 年 \2015 年
获奖情况：河北省优秀工程勘察设计二等奖

京伦首旅大酒店，由两栋柔和的鱼骨形双曲面姊妹塔构成，双塔八字形开合，相拥相生、环抱大海，鱼骨形的平面保证了间间客房面朝大海，享受春暖花开。气势宏伟的贝壳形共享大堂紧密地联系着双塔和地下会务、餐饮功能。项目布局紧凑、功能合理、交通便捷，和周边环境和谐友好，是旅游、度假、会务的理想场所，成为秦皇岛海岸线的标志之一。

秦皇岛市海港区市民中心

建设地点：河北省秦皇岛市
建筑面积：58000 平方米
设计 \ 竣工：2011 年 \2013 年
获奖情况：河北省优秀工程勘察设计二等奖

秦皇岛市海港区市民中心，贯彻“以人为本，动静分开，意识超前，科学节俭”的原则，在场地总体规划及建筑风格统一的基础上，从形式上表达对时代精神的追求，运用现代的建筑语言隐喻公开公正、高效廉洁的政府形象。项目强调建筑的整体性及雕塑感，采用对称、竖线条的手法和大台阶、坡道结合的二层入口设计，体现建筑庄重、挺拔和宏伟气势。通过对细部的精雕细琢营造出浓郁的现代建筑主题。设计结合玻璃幕墙的运用，强调虚实对比，同时体现建筑凝练浑厚、简洁大方的特色。东西配楼为大空间办公区，其柱廊加强了建筑的秩序感、飘逸感和光影效果，也更突出了主体建筑的中心地位。北侧内圆外方的会议中心，在庄严的建筑群落中创造出变化、柔美的空间。主体建筑采用双走道布局，中间为交通核、辅助空间和会议室，两侧是办公空间，布局紧凑，交通便利，流线顺畅，开启了高效率办公模式。该项目是海港区的标志建筑之一。

秦皇岛市奥体中心训练馆

建设地点：河北省秦皇岛市
建筑面积：27000 平方米
设计 \ 竣工：2002 年 \2005 年
获奖情况：河北省工程勘察设计一等奖

设计充分利用场地，将办公、训练和食宿功能巧妙结合，布局合理，组织顺畅，对海景视廊做了深入分析，打造了面朝大海的办公环境。建筑造型以轻盈的曲线张力体现运动的魅力，应用预应力钢筋混凝土技术实现多层 32 米跨度高大空间，结构技术和建筑造型完美结合，创新设计出当时全国功能最复杂、规模最大且优美的体育训练馆。

秦皇岛市射击训练馆

建设地点：河北省秦皇岛市
建筑面积：18000 平方米
设计 \ 竣工：2004 年 \2007 年
获奖情况：河北省工程勘察设计三等奖

项目以弹孔和弹道气流为设计灵感，创作出建筑灵动的曲线造型，立面上的弹孔形象增添了建筑的通透感和飘逸感。圆形的楼梯似枪管竖立，打破流畅曲线的宁静，仿佛凭空一声枪响平静起波澜。钢柱的轻盈和玻璃的明快，体现时代和科技的融会，反映射击运动的时尚性。

卢龙县乒乓球馆

建设地点：河北省秦皇岛市卢龙县
建筑面积：8000 平方米
设计 \ 竣工：2008 年 \2010 年
获奖情况：河北省工程勘察设计三等奖

整个建筑以乒乓球的弧旋为创作启发，体形流畅明快，入口处斜向钢柱廊在玻璃幕墙的镜像反射下，和室内垂直结构柱交叉环绕，在季节和时间的变幻中像一场别开生面的对攻，映射出体育运动的拼搏精神。

大秦左岸小区

建设地点：河北省秦皇岛市
建筑面积：180000 平方米
设计 \ 竣工：2008 年 \2011 年
获奖情况：河北省优秀工程勘察设计二等奖

大秦左岸小区，规划充分考虑城市两条主干道和南侧马坊河的影响，设计既避开城市的喧嚣又完美顺应小河的曲岸，同时将河岸自然景致融入小区景观，天然生成，自然成长，与生态环境和谐共生。设计采用折中主义处理手法，设计出新古典主义的建筑风格，体量宏大，气势雄伟，高低错落的建筑群落形成了丰富的城市天际线。建筑比例宜人、细部精美、色调温暖、户型合理、环境友好、设施齐全，是秦皇岛市精品小区之一。

山海关古御新苑小区

建设地点：河北省秦皇岛市
建筑面积：120000 平方米
设计 \ 竣工：2003 年 \2006 年
获奖情况：河北省优秀工程勘察设计一等奖

山海关古御新苑小区，规划充分结合地形高差将地块分成三个高程的台地，对山海关古城楼呈现高程依次递减的韵律，建筑控制为三层半退台减小体量，最大限度地减少对古城楼的影响。设计用坡屋顶、灰色调、顶层退台等多种形式应和山海关古城特色。项目设计了视廊通道，和古城楼形成对景和借景，和远山交相辉映。交通组织顺势而为，巧妙联系不同高程的三个组团，利用地形高差自然形成地下车库。三个组团环抱中心绿地，水景面向主入口，其间通过绿色步道联络，形成步移景异的优美环境，使该小区成为绿化均好、户型合理、人车分流、设施配套的高品质居住小区。

李华伟

中冀建勘集团有限公司（原河北建设勘察研究院有限公司）总经理、党委副书记，河北省工业固体废弃物综合利用重点实验室主任，正高级工程师，国家注册土木工程师（岩土）、一级建造师（建筑工程、市政公用工程、矿业工程）、造价工程师（土建）、监理工程师、安全工程师。石家庄铁道大学地下工程与隧道工程专业学士，河北工业大学结构工程专业硕士，北京交通大学岩土工程专业博士。

社会任职

河北省工程勘察设计咨询协会副会长，河北省土木建筑学会地基基础学术委员会常务委员，石家庄市工程勘察设计咨询业协会副会长，河北省工程勘察设计咨询协会工程勘察与岩土分会理事长，中国勘察设计协会工程勘察与岩土分会国际业务工作委员会副主任，河北省市政工程协会副会长，河北省工程勘察设计咨询协会新型绿色建材技术工作委员会副主任，《河北勘察设计》编辑委员会委员。

个人荣誉和学术成果

2008 年被评为“石家庄市有突出贡献的中青年专家”，2010 年被评为“河北省有突出贡献的中青年专家”，2012 年 11 月至 2013 年 11 月作为被河北省人民政府认定的优秀专家公费到美国堪萨斯大学（KU）访学一年，2019 年被认定为“河北省工程勘察设计大师”享受国务院政府特殊津贴。

先后参加、主持完成了多项国家级、省级重点工程，荣获全国优秀工程勘察设计行业一等奖 2 项，国家优质工程金质奖 1 项，河北省优秀工程勘察设计奖 10 多项；河北省科学技术进步一等奖 2 项、三等奖 3 项，河北省建设行业科技进步奖 4 项；国家发明专利 7 项，软件著作权 2 个；合著出版专著 2 部；参编技术规范 4 项；在国家核心刊物发表论文多篇，其中 EI 收录 3 篇。

单位评价

李华伟同志爱岗敬业，作风扎实，勇于担当，勤奋有为，自参加工作以来，便从事工程现场技术工作。面对工程勘察和岩土工程施工野外作业条件艰苦的困难，他毫无怨言毫不退缩，从一名现场技术员干起，刻苦钻研，忘我工作，从方案策划、过程控制、竣工交付等各个环节，精心规划安排，认真组织实施。遇到技术难题，他不分昼夜盯在现场，废寝忘食，反复研究，直到问题解决，为各项工程的顺利实施提供了有力保证，受到甲方或业主的高度评价。他先后参加、主持完成了多项国家级、省级重点工程，并紧密结合工程勘察和岩土工程专业技术领域发展中的重大关键技术问题，积极开展课题研究和创新创优活动，多项技术成果应用于工程实践，为推动行业进步做出了突出贡献。

孜孜不倦、潜心耕耘的岩土工程技术人

一、成长经历

我于1971年2月出生于水浒故事的发祥地山东省郓城县。人们素有“梁山一百单八将，七十二名在郓城”之说，这里水浒文化旅游资源丰富，被评为山东省首批旅游强县，有“中国好汉之乡”的称号。

作为出身农村的一名“70后”，我从小被灌输的就是“知识改变命运”的思想，从小怀揣着一个“大学梦”努力学习。由于那时候还没开始实行九年义务教育，当时村里实行的还是五年小学三年初中的模式，1977年至1985年我在村里读完了小学和初中，然后于1985年至1988年在郓城县城读完了高中。通过刻苦学习，我终于不负众望，顺利拿到了石家庄铁道学院（现石家庄铁道大学）的录取通知书。学校当时隶属铁道部，一个从农村考到这里的孩子，可谓是全村人的希望。1992年7月，我在这里拿到了地下工程与隧道工程专业的学士学位，之后便开启了我在中冀建勘的工作历程。

当时的中冀建勘还叫做“河北省建设勘察研究院”，经过合并、重组、改制，在1985年8月经省编委同意，更名为“河北省城乡勘察院”，属于事业单位性质，实行企业管理。1992年我刚入职时，全院各生产经营部门正开始推行“技术经济承包责任制”，实行“相对独立，自主经营，确保上交，自负盈亏，自我约束，自我发展”的新的经营机制，把二级生产单位全面推向市场。1996年3月，根据省编委、省科委文件决定，公司更名为“河北省建设勘察研究院”。在此期间，我一直担任岩土工程公司现场技术员职务，从施工一线基础技术工作开始做起，经历了从学校到社会、从理论学习到工程实践的转变，从事的主要是岩土工程施工方面的相关工作。经过了一段时间经验的积累以及各方面能力的成长，从1999年开始担任项目总工、项目经理职务。

公司引进的第一台旋挖钻机

公司从2000年8月开始实施改制工作，2002年3月公司完成改企建制，注册成立“河北建设勘察研究院有限公司”。2003年1月，河北建设勘察研究院有限公司首次全体股东会议正式召开，公司董事会、监事会和经理执行机构正式产生并开始运作，这标志着河北建勘建立现代企业制度，正式开始公司化运营的新开端。此时的我也从岩土工程公司调到了地下工程公司，开始担任地下工程公司副经理、经理职务。面对新形势、新体制和新挑战，我带领地下工程公司深耕岩土工程施工领域，大力实施管理创新、市场创新、科技创新，不断推进和保持企业持续稳定健康发展。

新时期迎来新开端，新体制焕发新活力。面对日益激烈的市场竞争环境和形势发展变化，公司积极抢抓市场新机遇，大力拓展市场新领域，先后开辟并站稳多个行业建设市场，经营业绩保持持续平稳增长，完成经营收入连续多年在全国同行业排名中保持领先。地下工程公司业绩一直保持高水平发展，为总公司的持续发展做出了巨大贡献。时间来到2009年，根据公司章程，经总经理提名，董事会审议表决，我被聘任为公司副总经理，正式进入公司董事会。我的主要工作任务为负责生产经营管理、法律事务管理、资质管理、设备管理和安全生产管理工作。在第一年我还同时兼任地下工程公司经理，全面负责地下工程公司的管理工作。

2013年，为拓展更广阔的国际市场，我组织公司成功申办了《对外承包工程资格证书》，并积极响应国家“一带一路”倡议，大力推进“走出去”战略，大力开拓国外市场，先后在印度尼西亚、巴基斯坦、文莱、马尔代夫、伊朗、孟加拉、斯里兰卡、马来西亚、菲律宾、尼日利亚、阿联酋、以色列、乌干达、肯尼亚、缅甸、马拉维、老挝、埃及、俄罗斯、越南、柬埔寨等21个国家设立了子（分）公司。2015年至今，经董事长提名，董事会审议表决，我开始任公司总经理，行使公司章程所赋予的总经理职权并承担相应的责任。2019年9月16日，公司整体搬迁进入上庄新办公楼，2021年4月28日，经工商登记变更“河北建设勘察研究院有限公司”正式更名为“中冀建勘集团有限公司”。站在新起点，面对新征程，中冀建勘人满怀憧憬与希望，又将重新开始谱写浓墨重彩的绚丽新篇章。

工作期间我虽然一直承担着大量艰巨繁重的技术和管理工作，但始终没有忘记利用业余时间加强自身学习。经过2003年9月至2006年6月的学习，我取得了河北工业大学硕士学位。2009年3月至9月，我参加了清华大学国际工程项目管理研究院实战工程项目研究生课程的学习；2011年获得了人社厅组织的2011年度“河北省优秀专家出国培训人选”资格。2012年4月至9月，我在河北师范大学出国培训中心进修英语，为出国交流学习做准备；2012年11月至2013年11月，作为省优秀专家我在美国堪萨斯大学做访问学者一年。人对于知识的追求是没有尽头的，工作中我也一直深有体会，学无止境，后来我便报考了北京交通大学岩土工程专业博士，经过2010年9月至2015年6月的学习深造，在博士生导师王梦恕院士的指导培养下取得了工学博士学位。

长期以来，我一直不忘初心，牢记使命，始终坚持以邓小平理论、“三个代表”重要思想、科学发展观和新时代中国特色社会主义思想为指导，认真学习贯彻党的基本理论、基本路线、基本方略，致力服务于国家各项基本建设和工程建设，根植于工程施工第一线，为推进我省工程勘察和岩土工程技术进步和行业发展做出自己的努力。在走上企业主要领导岗位后，我积极适应市场形势变化和各种风险挑战，高度重视科研创优工作，团结带领广大员工坚持人才强企、科技兴企、质量立企方针，扎实推动企业科技进步，建立了较完善的以岩土工程勘察、水文地质勘察与水资源评价、地基处理、地质灾害防治、超大直径钻孔灌注桩、后压浆旋挖钻孔灌注桩、大直径工程井及地下空间开发与利用等自有技术为核心，具有“河北建勘”特色的岩土工程技术体系，在多项技术领域保持领先水平，在科技进步和技术发展方面取得丰硕成果。同时，我们努力推进企业实现转型发展、创新发展和高质量发展，连续多年完成经营收入位居同行业前列，2018年新签合同额名列我国对外承包工程业务新签合同额前100名，以优质、高效、专业的服务为国家各项重点工程建设和“一带一路”建设做出了突出贡献。公司先后荣获“河北省政府质量奖”“全国勘察设计行业实施卓越绩效先进企业”“全国工程勘察与岩土行业诚信单位”等称号。

出席公司院内学术交流会并讲话

二、工作业绩及代表性项目

我工作以来，热爱并投身于岩土工程事业，根植工程施工第一线，不畏艰难，刻苦钻研，积极创新，勇于开拓，二十余年潜心耕耘，先后参加、主持完成了多项国家级、省级重点工程，并紧密结合工程勘察和岩土工程专业技术领域发展中的重大关键技术问题，积极开展课题研究和创新创优活动，取得累累硕果，多项技术成果应用于工程实践中不仅解决了工程中遇到的技术难题，并且取得了显著的经济和社会效益，为推进我省工程勘察和岩土工程技术进步和行业发展做出了自己应有的贡献。

（一）邯郸供电公司点式高层住宅楼基桩及基坑维护工程

项目完成灌注桩696根、搅拌桩580根，合同造价592万元，方案经济合理，比其他方案报价低150万元。项目采用双排桩支护措施，既保证了周围环境的安全，又避免了其他支护结构对周围环境的破坏和影响：①通过止水帷幕设置，保护了周围地下水资源，避免了由于基坑降水可能造成的对周围环境的影响；②通过深基坑支护监测与设计反分析，总结完善了深基坑双排桩支护设计理论，编写了深基坑双排桩支护结构设计程序，推动了深基坑支护技术的发展。在本项目中首次引进信息化施工技术，获取了海量监测数据，既确保了基坑工程的安全，也促进了双排桩支护技术的发展，具有良好的社会效益。

项目基坑所处环境复杂（距最近建筑物仅6.0米），因此选择了双排桩支护结构，利用双排桩三维结构体系的刚度大的优势，保证基坑的稳定性与周围建筑物的安全。地下水采用双轴深层搅拌桩隔水帷幕，坑内管井降水的方案，取得良好效果。

在进行双排桩围护结构设计计算时，支护结构设计采用了考虑空间效应的弹塑性设计理论，弥补了双排桩悬臂桩围护结构设计理论不足的缺陷；考虑冠梁的作用，协调了各支护桩的受力，提高了支护结构的刚度；监测数据表明，设计方法满足设计要求。

根据经验将报警值用于基坑工程中，弥补了《建筑基坑支护技术规程》（JGJ 120—1999）的不足，监测数据表明报警值科学合理。

项目实施过程中首次按信息化施工的技术要求，在基坑开挖和运行过程中，对土应力、支护桩受力、土体位移、支护结构位移等进行监测，获取了海量监测数据，既确保了基坑工程的安全，也促进了双排桩支护技术的发展。

该项目获河北省优秀勘察设计二等奖。“深基坑双排桩支护结构设计理论与工程应用”获河北省建设科技进步一等奖、河北省科技进步三等奖。

基坑支护施工

（二）邯郸市电信二枢纽楼桩基与基坑围护工程

邯郸市电信二枢纽楼建筑物包括机房、生产调度办公楼和营业厅三部分，结构层高度分别为99.5米、42.0米和14.8米。基础为桩筏（箱）形式，桩基采用钻孔灌注桩，上部结构为框剪结构。地下设两层地下室，基坑开挖深度9.92米，围护面积1654平方米。地下水位深2.4～3.4米。建筑场地位于邯郸市东郊，人民东路北侧，西临柳西街。该工程为河北省重点工程。桩基采用钻孔扩底灌注桩，是一种较为新型的桩基形式，共计155根，其中15根作为试桩已由我院于1999年6月9日至6月18日施工完成。其余140根钻孔灌注桩为本次施工范围，施工内容包括：测量放线、钢筋笼制作及安装、成孔（包括扩孔）、混凝土搅拌及运输、混凝土灌注及渣土铲运。项目达到了优良标准，受到了业主、监理、设计、检测单位的一致好评，取得了良好的经济效益和社会效益。

项目开工仪式

本工程为 ±0.00 米以下的岩土工程总承包模式，工作内容包括钻孔扩底桩施工及监测、基坑围护结构设计、施工、监测、土方开挖等，这种总承包的模式符合当前岩土工程的发展方向。

桩基采用钻孔扩底灌注桩，桩径 1000/2000 毫米，扩高 1.7 米，设计桩长 33.2 米，成孔机械为 R-518 旋挖钻机，钻孔扩底采用 GPS-15S 回转钻机和自行设计制造的扩底钻头（该钻头研制获河北省科技进步三等奖），采用反循环清除孔底沉渣的施工工艺，确保沉渣厚度满足设计要求，施工过程中采用 KE-200 型超声波孔壁检测仪进行钻孔质量监测，有效保证了成孔质量满足设计要求。

本工程扩底钻头使用院机具厂生产的大直径扩底钻头，用钻杆和配重的重量加压使钻头扩翼张开，钻头扩翼张开尺寸用钻杆的行程控制。该项技术获河北省科技进步三等奖。

桩基施工过程中严格自检程序，确保施工质量，试桩经静载试验证明其承载力满足设计要求。工程桩检测采用高、低应变动力检测，检测结果为基桩合格率 100%，优良品率 91.43%。

本工程基坑深度为 10.2 米，地质条件较差（暴露土质为软塑状，土质较软），地下水埋藏较浅（勘察期间为 2.4 ~ 3.4 米），给基坑围护结构的设计带来了一定的难度，经多种方案的对比，选择了桩锚（局部悬臂双排桩）支护结构，锚杆采用地面拉锚。

地下水处理采用桩后设置深层搅拌桩隔水帷幕，坑内设置降水管井的方案。基坑开挖及监测数据表明，该方案是合理的、可行的、经济的。

根据经验将报警值用于基坑工程中，且发挥了一定的作用。实际监测数据表明：本工程提出的报警值是合理的且符合实际。

将信息化施工技术成功地运用于基坑中。在基坑开挖过程中，对支护桩受力、土体位移、支护机构位移、冠梁受力等进行了全面监测，取得了无比宝贵的数据，且有效地指导了基坑开挖工作。同时，通过对这次观测的分析总结，发现了许多有意思的结果，对基坑围护设计起到了有力的推进作用。如冠梁在支护结构中具有非常重要的作用。检测数据显示冠梁最大拉力达到了 58.6 千牛，而支护桩最大受力为 99.9 千牛，说明冠梁在支护结构中承受了较大的荷载。

该项目获河北省优秀工程勘察设计三等奖，达到国内先进水平。

（三）荆州至公安高速公路第四合同段松东河、虎渡河特大桥桩基工程

我公司在湖北荆东高速公路松东河、虎渡河特大桥桩基工程中共完成直径 1.5 米、孔深 20 ~ 50 米的钻孔灌注桩 433 根，采用冲击反循环施工工艺，钻孔充盈系数为 1.05 左右，而采用回转钻机钻孔的充盈系数为 1.15；同时用冲击反循环钻机施工比用回转钻机施工单孔成孔时间少一天。

在本工程中完成产值 783.5 万元，创造了良好的经济效益。同时，由于我们采用了冲击反循环施工工艺钻孔，其成孔速度快，成孔质量容易保证，不塌孔，沉渣少，得到了业主、甲方及监理的好评，取得了良好的社会效益。

本工程地处长江中游冲积平原长江主河道附近，地层条件极其复杂。地层为黏土、亚黏土、粉砂、细砂、中砂及圆砾、卵石层。其中桥址区全地段广泛分布的圆砾、

卵石层，层厚 15 米，最大揭露厚度达 37.9 米，卵石颗粒直径 10 ~ 30 厘米，卵石颗粒间缝隙大，结构极其松散，而桥址区的地下水位埋深为 0.5 ~ 2.0 米，因此在本工程桥址区采用常规的回转钻机和冲击钻机成孔极易出现泥浆漏失、孔壁坍塌、孔底沉渣超标、扩孔等现象。针对本工程地质特点，我公司采用冲击反循环工艺成孔解决了上述问题。

冲击反循环工艺特点如下：施工效率高、成孔速度快、单孔成孔时间比回转钻机少一天；反循环工艺清孔更彻底，解决了孔底沉渣超标问题；依据冲击钻机的成孔原理，重达 5 吨的冲击钻头将松散的卵石挤入孔壁，填充卵石间的缝隙，使地层变得致密，卵石间缝隙减小，降低了泥浆漏失的可能性，稳定了水头压力，同时也保证了孔壁不坍塌；在泥浆中加入了膨润土、纯碱等泥浆材料，改善了泥浆性能，可保证钻孔孔壁稳定，解决了孔壁坍塌问题。

该项目获河北省优秀工程勘察设计二等奖，达到国内先进水平。

（四）青银高速公路济南黄河大桥 A 合同段桩基工程

本工程共完成了钻孔灌注桩 48 根，桩径 2.0 米，桩长 125 米，实际混凝土灌注方量 20479 立方米，共完成产值 810 万元，创收 466.17 万元，创造了良好的经济效益。

在进行主墩桩基的施工过程中，我们积极配合甲方人员，尊重监理，加强与其他桩基单位的沟通与合作，在工程进度、工程质量、文明施工等方面一路保持领先，在大口径桩基工程方面的施工取得了成功，赢得了甲方、监理一致好评。另外，由于成功解决了本工程桩基施工中的各种难题，施工质量优良，经检测 48 根桩全部为 I 类桩，钻孔垂直度平均为 1/600，取得了路桥一局的信任。在此基础上，甲方又将 37# 墩、40# 墩的桩基委托我公司进行施工，其有效桩长分别为 98 米、120 米、98 米，取得了良好的经济效益和社会效益。

本工程桩基钻孔深度大、直径大。本工程 38# 和 39# 主墩采用 ϕ2.0 米钻孔桩，38# 墩有效桩长达到 125 米，39# 墩有效桩长 120 米，实际钻孔深度达到 130 米，其中有效桩长 125 米，是目前国内桥梁第一长桩。

《建筑桩基技术规范》（JGJ 94—1994）中规定钻孔垂直度不大于 1/100，而设计要求垂直度不大于 1/300，孔底沉渣厚度小于 100 毫米，施工质量要求高。施工过程中采用配重加压，加 15 吨的配重块以降低钻具的重心位置，加上钻杆和钻头的重量，整套钻具的重量为 38 吨。钻进过程中采用减压钻进，加到孔底的压力控制在钻具总重量的 80% 以下。经超声波测壁仪器检测，施工钻孔平均垂直度 1/600，桩身混凝土完整，钻孔垂直度远小于设计要求的 1/300。

本工程经过多种钢筋接头连接方式的比选，采用镦粗直螺纹接头进行钢筋接头连接，此种方法连接快捷、方便、安全、可靠，长达 130 米钢筋笼全部下至孔底仅需不到 4 小时的时间，比采用常规帮条焊连接速度快了一倍还多。不仅满足了设计要求，还为其他工序的开展创造了条件。

为了尽可能压缩施工辅助时间，我们采用了无须停机、提钻而直接倒换风包钻杆的方法，即在第一个风包钻杆上面一定的深度位置上加设另一个风包钻杆，当钻进至一定的深度，空气压缩机的能力无法满足第一个风包正常施工的要求后，通过在孔口转换钻杆风管的位置，来转换工作的风包钻杆，达到无须提钻倒换风包的目的。根据钻孔原始记录统计，125 米的桩钻孔施工从护筒底口至设计标高的钻进时间均在 72 小时内，加上清孔、钢筋笼和导管下设、混凝土灌注，每根桩从开孔到灌注完成约需 5 天，满足了工期要求。

该项目获河北省优秀工程勘察设计一等奖，达到国内先进水平。

钢筋笼孔口连接

（五）山西格瑞特实业有限公司 2×135 兆瓦煤矸石综合利用发电项目

本工程包括试桩（包括检测）、工程桩所有施工任务。试桩设计为夯扩大头钢筋混凝土灌注桩＋素土桩，由于施工困难，增加后压浆旋挖钻孔灌注桩＋素土桩方案，场区分为主厂房区和冲沟区，共完成试桩 4 组。通过试桩，本工程地基处理最终采用桩侧、桩端后压浆旋挖钻孔灌注桩 + 素土挤密桩工艺。后压浆旋挖钻孔灌注桩桩径 600 毫米，桩长 23 ～ 30 米，混凝土强度等级 C30，主要作用是提高地基承载力；素土挤密桩桩径 550 毫米，桩长 4 ～ 18 米，实际施工时根据湿陷性黄土的深度确定，桩间距 900 毫米，三角形布桩，主要作用是消除黄土的湿陷性，同时提高地基土的承载力。

我公司共完成后压浆旋挖钻孔灌注桩 1770 根，浇注混凝土方量 16375 立方米；素土挤密桩 29666 根，合计方量 109485 立方米；完成土方量 190000 立方米。共完成产值 30786911 元，创收 13817026.26 元，创造了良好的经济效益。

素土桩施工现场

本工程采用素土挤密桩 + 后压浆旋挖钻孔灌注桩施工工艺。素土挤密桩工艺是我公司首次采用的新工艺，后压浆旋挖钻孔灌注桩在湿陷性黄土地区是首次应用，取得的试验资料非常珍贵。

在黄土地区进行夯扩大头桩施工多采用柴油锤（双层套管）成桩施工工艺，其适宜的成桩长度为 12.5 米，当时国内报道最长为 14.5 米。本工程试桩的夯扩大头桩的桩身长 18 米，扩大端长 1 米，合计 19 米，我们采用 DZ-90 沉管桩机，采用柱锤夯击跟管钻进的施工工艺，夯锤重 4 吨，取得成功。

在静载试验开始前，做浸水状态下桩身应力观测试验，以确定黄土湿陷性对单桩竖向承载力的影响。本次试验桩为 12 根，得到的试验资料全面而珍贵。

本次试验场地分为两种，一种未经素土桩挤密处理，一种经素土桩挤密处理。未经素土桩挤密的场地，浸水时桩身内力主要呈现压应力状态，证明场地地基湿陷对试验桩产生了附加压应变，附加压应变总体上有自上而下逐渐递减的规律，最大压应力多出现在桩顶；经素土桩挤密的场地，浸水时桩身内力主要呈现拉应力状态，证明场地地基挤密后有上浮作用，造成桩身出现附加的拉应变，附加拉应变总体上有自上而下逐渐递减的规律，影响范围在 4.0 米左右，最大拉应力多出现在桩顶。该试验成果也是国内非常稀少的，具有很高的利用价值。

虚土夯实器的设计。对桩孔成孔中形成的虚土，我们设计了虚土夯实器，将桩端虚土进行了夯实，确保桩端虚土满足规范要求，完善了旋挖干法成孔施工工艺。

结合本工程和大同塔山坑口电厂桩基工程，与石家庄铁道学院合作完成了“湿陷性黄土地区夯扩挤密桩设计与施工关键技术研究”课题。

该项目获河北省优秀工程勘察设计二等奖，达到国内先进水平。

（六）华能海门电厂一期 1、2 号机组新建工程

华能汕头海门电厂规划容量 6×1000 兆瓦，分二期建设。本次工程为先期建设的一期 1、2 号机组桩基工程，工作范围为全厂冲孔灌注桩施工全部工作内容；共完成产值约 5458.5 万元，收入约 1196 万元。经检测，桩身质量全部为Ⅰ、Ⅱ类桩，其中Ⅰ类桩率为 96.04%，达到

了优良标准，受到了业主、监理、设计、检测单位的一致好评。

冲击反循环钻机施工现场

冲孔灌注桩采用冲击反循环成孔、冲击成孔两种施工工艺；针对残积层中大量的孤石夹层，且孤石的硬度大，施工特别困难，钻头磨损厉害，严重制约施工进度等问题，每根桩采用了超前钻与孤石爆破相结合的施工工艺，有效解决了成孔难题。

桩型为端承桩或摩擦端承桩，为确保孔底沉渣厚度 ≤ 50 毫米，采用气举反循环成孔二次清孔施工工艺，实现了孔底零沉渣的高标准，同时使孔内泥浆上下均匀，降低了混凝土灌注难度，进一步完善了冲击钻成孔施工工艺。

该项目荣获 2010 年度中国电力优质工程奖、国家优质工程金质奖，达到国内领先水平。

（七）大同煤矿集团塔山 2×600 兆瓦坑口电厂工程制桩工程

本工程地基处理形式有旋挖钻孔灌注桩、灰土挤密桩。旋挖钻孔灌注桩桩径有 600 毫米、800 毫米两种，桩长 10 ~ 30 米，采用旋挖钻机成孔，主要工作内容包括：测量放线、成孔、钢筋笼制作及安装、混凝土搅拌、混凝土灌注、大应变检测桩头制作等。灰土挤密桩桩径 600 毫米，桩长 6 ~ 15 米，主要工作内容包括：成孔、填料成桩等。共完成旋挖钻孔灌注桩 5316 根，浇注混凝土方量 61366.9 立方米；灰土挤密桩 21705 根，合计方量 67493.19 立方米。共完成产值 65118874 元，创收 35420774 元，创造了良好的经济效益。通过本工程的有效实施，我公司得到了业主和监理单位的一致好评，为我公司顺利承接本区域工程的施工起到了一定的铺垫作用，具有良好的社会效益。

本工程采用旋挖钻孔灌注桩 + 灰土挤密桩施工工艺。灰土挤密桩工艺是我公司首次采用的新工艺。灰土挤密桩成孔设计桩径为 400 毫米，夯扩后桩体设计直径为 600 毫米。

对桩孔成孔中开成的虚土，我们设计了虚土夯实器，将桩端虚土进行了夯实，确保桩端虚土满足规范要求，完善了旋挖干法成孔施工工艺。

项目开工仪式

虚土夯实器

利用本工程进行了“湿陷性黄土地区夯扩挤密桩设计与施工关键技术研究”。经过大量的现场试验、室内试验和理论分析，对湿陷性黄土地区夯扩挤密桩设计与施工关键技术展开科学研究，建立了以球体扩张理论为基础的夯扩挤密桩挤土效应模型，提出了单桩桩周土体的径向应力、干密度和孔隙比沿桩径向的变化规律；提出了夯扩挤密桩有效挤密范围及最佳桩间距，提出了单位夯击能对桩周土体挤密效果的影响规律，为设计提供了参考；分析了夯扩挤密桩单桩承载机理。

本项目获河北省优秀工程勘察设计二等奖，达到国内先进水平。

（八）南京大胜关长江大桥桩基工程

本工程主要工作内容为泥浆制备、钻机成孔、钢筋笼安装、混凝土灌注等。主桥部分共累计完成 ϕ3.0 米变 ϕ2.8 米桩 2 根，ϕ2.5 米桩 92 根，创收 757 万元；南岸引桥部分共完成 ϕ2000 毫米钻孔灌注桩 98 根，创收 1004766 元。在进行本工程钻孔灌注桩施工过程中，我们积极配合甲方人员，尊重监理，加强与其他桩基单位的沟通与合作，在工程进度、质量、文明施工等方面一直保持领先，在大口径桩基工程方面的施工取得了成功，赢得了参与各方的一致好评，创造了良好的经济效益和社会效益。

施工现场

项目根据现场实际施工情况采用多种施工工艺。引桥采用回转钻机正、反循环相结合施工工艺：在 0 ~ 20 米采用正循环的工艺，20 米以下采用泵吸反循环的工艺钻进。主桥采用气举反循环成孔工艺。

泥浆净化处理器的应用：在钻孔过程中采用了黑旋风泥浆净化处理器对泥浆进行净化处理。钻进前，将泥浆循环的排渣管直接接在500立方米的泥浆预筛设施上，泥浆净化设备可以过滤粒径大于 1.5 毫米的钻渣颗粒，再通过阀门调节流量，均衡分配到 ZX250 型泥浆净化设备上进行处理。经净化处理后的泥浆通过管路流回孔内，净化出的钻渣通过流槽排放到泥浆沉淀池。

钻孔垂直度控制措施：选用合适的施工设备；工程施工中，采用配重加压导正；钻机安装严格控制偏差；根据地层选用合理的工艺参数；钻孔的垂直度偏差控制在 1/200 以内，施工过程中，技术人员对钻杆的垂直度随时检查，发现孔斜后及时进行修孔。

钢筋笼接头连接：由于本工程钢筋笼通长配筋，同时超声波检测管必须下至孔底，所以本工程钢筋笼分节多、总重大。如采用常规帮条焊连接，整个钢筋笼全部下至孔底需 10 小时以上，时间太长。采用镦粗套筒接头进行钢筋接头连接，则快捷、方便、安全、可靠。

本项目获河北省优秀工程勘察设计二等奖，达到国内先进水平。

（九）曹妃甸原油码头及配套工程曹妃甸油库 10 万立方米原油储罐基础工程

曹妃甸原油码头及配套工程曹妃甸油库 10 万立方米原油储罐基础工程位于河北省唐山市唐海县曹妃甸港区。储罐基础施工分为两部分：第一部分采用振冲法对地基进行处理，振冲碎石桩桩端进入④层土；第二部分为罐基础施工。本工程共分 8 个标段，我公司完成了二、三、四号罐的地基处理及基础施工，每座罐包括桩数为 1027 根 × 30 米振冲碎石桩施工图全部内容及碎石垫层、沥青混凝土垫层、钢筋混凝土环墙、灰土垫层、砂垫层、沥青砂绝缘层等设计图纸中的土建内容。工程桩施工，我公司共完成振冲碎石桩桩数为 3081 根，实际填料量共计

130082.3立方米。碎石垫层完成工作量14846.52立方米；沥青混凝土垫层完成工作量65.42立方米；钢筋混凝土环墙完成浇筑量1056.18立方米；灰土垫层完成工作量13880.24立方米；砂垫层完成工作量4917.19立方米；沥青砂绝缘层完成工作量1544.32立方米。共完成产值23400600元，创收9841631.6元，创造了良好的经济效益。

本工程是我公司首次与中国石化集团公司进行合作，通过本工程的有效实施，我公司得到了甲方和监理单位的一致好评，并为我公司顺利承接中石化曹妃甸首站地基处理工程起到了一定的铺垫作用。

振冲碎石桩施工现场

电机功率为130兆瓦，桩长30米振冲碎石桩地基加固的应用在国内尚无报道，可参考的实际工程经验非常少。因此，我们通过本工程施工所积累的一些经验，对指导今后类似工程的施工具有参考价值，也可为以后地基处理设计提供依据。

对减震器进行了改进：工程实施中为防止设备事故发生，在振冲器和导向管之间焊接耳套，使用钢丝绳保护，从而避免了设备掉入孔内，同时每完成一根桩均需对振冲器进行检查，发现问题及时处理。

本工程罐基础（碎石垫层、沥青混凝土垫层、钢筋混凝土环墙、灰土垫层、砂垫层、沥青砂绝缘层）施工是我公司首次接触的基础施工工艺，按照施工组织设计及相关规范要求编制了具有针对性和可操作性的施工方案，进行指导施工，实现了管理层和操作层对施工工艺、质量标准的熟悉和掌握。

本项目获河北省优秀工程勘察设计二等奖，达到国内先进水平。

（十）唐山市曹妃甸工业区供水工程蓄水池地基处理工程

曹妃甸工业区供水工程蓄水池地基处理工程位于该工业园区内，我公司承担了本工程沉管碎石桩、强夯、沉模板墙等工作内容。本工程地基处理形式有沉管碎石桩、强夯、沉模板墙。沉管碎石桩桩径400毫米，桩长8～12米，桩间距3.0米，等边三角形布桩；强夯采用“夯二平一”施工工艺，点夯夯击能不小于4000千牛·米，满夯单击夯击能1000千牛·米；沉模板墙设计厚度120毫米，深度按进入第四系全新统海相沉积层淤泥质壤土或壤土大于1.5～2.0米控制。本工程共完成碎石桩11040根，填碎石工程量16725立方米；强夯地基处理面积86309平方米；沉模板墙防渗帷幕26808平方米；共完成产值14208492元，创收5112147元，创造了良好的经济效益。经检测，项目施工处理效果满足设计和规范要求。该项目获得了业主、监理及设计单位的一致好评，具有良好的社会效益。

本工程地基处理采用沉管碎石桩、强夯、沉模板墙施工工艺，其中振动沉模板墙施工工艺在我公司为首次应用，在本省也尚无先例。该墙体采用的空腹模板厚度仅为120毫米，若采用普通的高压旋喷桩或水泥搅拌桩，其厚度将远远大于120毫米。

振动沉模板墙施工时，为确保单板间连接可靠，防止单板接头处叉开，采用了双模板连续施工工艺，并在模板两侧面设有导向和连接装置，确保了板墙连接的可靠性。

地基处理采用沉管碎石桩+强夯施工工艺，该工艺主要通过动力夯击能夯击地基土，强迫土中的水、气从土中排出，并通过碎石桩消散，碎石桩起到排水、排气的作用，而强夯法则大大提高了地基土承载性能。为达到这一目的，在强夯前，首先需进行沉管碎石桩施工。

强夯施工过程中，夯坑底积水严重影响施工，人工降低地下水位，降水采用明排，待某一强夯区域第一遍点夯结束后，利用挖掘机在场地出水区域利用地势挖设纵横向的排水沟，排水沟断面尺寸 1.5 米 ×1.5 米，将地下水汇集到地势较低点；如果水位太高，导致排水不畅，则使用大功率污水泵将水抽到业主指定的排水点。

该项目获 2010 年度河北省优秀工程勘察设计一等奖，达到国内先进水平。

振动沉管桩机施工场景

（十一）中海油东营港散杂货堆场地基加固工程

中海石油炼化山东公司东营港项目油库区工程（堆场区）位于东营市东营港经济开发区，本工程场地为典型的海边吹填形成的滩地，地势低洼平坦，后经人工回填整平，地势相对平坦。其中堆场区占地面积约 160075 平方米，堆场区主要拟建建（构）筑物有仓库 3 座、集装箱堆场 2 处、大件杂货堆场、散货堆场和辅助用房等。本工程共完成振动沉管砂桩 20749 根，170141.8 米；轻型井点降水与强夯 160075 立方米，共完成产值 7844756.1 元。通过本工程的有效实施，我公司得到了业主方和监理方的一致好评，为我公司在本领域工程的施工进一步奠定了基础，取得了良好的经济效益和社会效益。

强夯施工

本项目采用“砂桩 + 轻型井点降水 + 强夯”地基处理方法，成功对超软弱地基进行了处理，处理深度达 8 米，成功解决了东营港区的超软弱地基，形成了一种新的超软弱地基处理方法，该方法在国内未见报道。

气动沉管砂桩成功解决了在淤泥质粉质黏土中成桩问题，该方法在国内未见报道。

本工程采用 4000 千牛·米和 3000 千牛·米高能量夯击能在超软弱地基土中进行强夯，在国内尚属首次，未见报道。

利用本工程进行了“沉管砂桩与预排水动力固结法联合加固软土地基关键技术研究”，经过大量的现场试验、室内试验和理论分析，对沉管砂桩与预排水动力固结法联合加固软土地基关键技术展开科学研究，取得了一系列研究成果，经鉴定达到国内领先水平。

本项目获河北省优秀工程勘察设计一等奖，达到国内领先水平。

（十二）山西大唐临汾河西热电厂“上大压小”扩建工程（基础处理工程）

本工程采用旋挖钻孔灌注桩、预制方桩、水泥土搅拌桩三种地基处理方式；共完成产值4859.3余万元，收入2083.4余万元；经检测，Ⅰ类桩平均占受检总数的95.8%，受到了业主、监理的一致好评。

旋挖钻孔灌注桩施工现场

本工程采用旋挖钻孔灌注桩、预制方桩、水泥土搅拌桩三种工艺进行地基处理，有针对性地利用地层特点及优势。

方桩沉桩时，根据现场实际情况，严格采取“从一边向一边”施打的施工顺序，有效解决了方桩上浮问题；灌注桩采用气举反循环二次清孔施工工艺，有效解决了孔底沉渣问题。

该项目荣获2012年度中国电力优质工程奖，达到国内先进水平。

（十三）新疆农六师铝业有限公司岩土工程综合项目

新疆农六师铝业有限公司是2009年6月开始投资兴建的一家集发电、再生铝、碳素、兰炭等产品于一体的大型企业。项目占地面积约8000亩（约533万平方米），总投资600亿元，建设总规模160万吨再生铝、8台36万千瓦热电机组、2台1100兆瓦超临界空冷机组。科学合理勘察和地基基础方案设计与施工，对项目的建设及总投资具有重要影响。本项目为岩土工程综合项目，包括岩土工程勘察、地下水控制、地基处理方案优化、桩基础设计咨询以及桩基础施工等。为优化地下水控制、地基处理及桩基础设计施工等方案项目采用专题研究，为合理、科学的勘察奠定了良好基础。项目完成钻孔654个，钻探19290米，完成专项研究三项，现场大型试验三项，研究成果对优化方案、节能环保、节约造价具有重要作用。在国内外期刊发表勘察成果学术论文十余篇（包括SCI、EI收录论文），总结形成了专利技术1项以及多项工法，经专家鉴定达到国内领先水平和国际先进水平。

铝厂一角

报告详细评价了场地土的特点，并对特殊土进行了专门的评价，对地基基础方案选择、基坑开挖与地下水控制提出了相应的方案建议。针对岩土工程条件，以及工程项目建设中可能存在的岩土工程问题提出了进行专项试验研究的建议，并指出了应深入研究的相关问题。

首次进行了大型现场真空井点降水试验，并建立了饱和粉土地基的计算模型和经验公式，针对不同的降深，设计了经济合理的井间距和井点深度的布置原则，并将研究成果应用于实际工程。

首次在现场进行了内容丰富的素混凝土桩试验，试验包括单桩、单桩复合、多桩复合等，并进行了土压力、桩身压力等测试，掌握了复合地基中桩和桩间土的工作机理及承载效应。根据试验结果，对素混凝土桩复合地基进行优化设计，使工程量减少约 20%，且施工顺利，质量更容易保证。

通过地下水及土的腐蚀性勘察结果，首次利用粉煤灰进行了桩基础抗腐蚀试验，并将研究成果应用于基础设计和施工，节约了大量投资。

该项目于 2012 年获得河北省优秀工程勘察设计一等奖，并于 2013 年获得全国工程勘察设计行业一等奖，达到国际先进水平。

（十四）邯郸金世纪新城岩土工程勘察、基坑支护、地下水控制及监测工程

邯郸金世纪新城是邯郸“三年大变样”规划中的重点工程和形象工程，项目总用地面积41517.2平方米。建成后，由 8 栋高达近 100 米的 34 层高层住宅楼组成。规划总建筑面积约 20 万平方米，居住户数约 2000 户。项目位于旧城区，周围环境复杂。本项目通过多种手段的勘察，以及地基基础协同作用分析，提出了科学合理的地基基础方案建议；采用了考虑空间效应变刚度支护结构的基坑支护技术，并通过减压回灌技术有效地控制了地下水，基坑支护及地下水控制方法，既确保了基坑和周围环境的安全，又达到了节能环保施工的要求。基坑实施、运营过程中，对其实施了动态监测，并通过深基坑监测信息三维仿真分析处理系统对监测数据进行了归纳整理分析，实现了信息化施工，对基坑的安全监测、预警和控制起到了重要的作用。本工程施工共完成产值 1650 万元。本项目实现了岩土工程勘察、基坑支护设计、地下控制设计、基坑支护和降水施工、基坑安全监测的“一体化”，达到了工程项目统筹考虑与策划，实施、监测各阶段无缝对接的效果，有效节约了工程造价和施工工期，为类似工程项目的实施起到了典范作用。

本项目详细查明了地基土的空间分布特征和物理力学特性；通过单层、多层混合和单井、群井抽水试验，提出了准确的水文地质参数，为深基坑地下水控制设计提供了充足的依据。

通过数值模拟对大底盘多塔（8 栋 34 层高层建筑）的地基与基础方案进行协同作用分析，充分考虑了地基、桩筏基础和上部结构的效应，提出了合理科学的桩基础设计方案，为地基基础的设计提供了充分、科学的依据。

基坑支护

通过数值模拟分析和多方案对比，采用了土钉墙 + 桩锚联合支护的结构形式，既保证了基坑安全，又大幅度节约了工程造价。

采用疏、截、降结合的地下水控制方案，即减压降水管井 + 隔水帷幕的地下水控制方法，控制抽取承压水层，疏导上部地下水，防止基坑开挖过程中基坑底板发生管涌的现象，同时也可最大限度地节约地下水资源。

对深基坑实现了全面的信息化施工技术，获得海量监测数据，结合本项目，开发了深基坑监测信息三维仿真分析系统软件。

该项目于 2015 年获得河北省优秀工程勘察设计一等奖，并于 2015 年获得全国工程勘察设计行业一等奖，达到国内领先水平。

（十五）地下空间开挖的关键技术与应用

结合现场试验、理论分析和数值模拟分析等手段，将岩土工程信息系统、深基坑开挖与支护技术、地下水

控制技术、地下空间开挖监测技术有机结合，形成系统的地下空间关键技术。

1. 城市岩土工程信息系统的研究与开发

首次建立了拥有自主知识产权的“城市岩土工程信息系统”，包括工程勘察地理信息系统、建筑沉降监测信息系统和地基与基础协同分析系统。系统收集了海量的岩土工程信息和建筑沉降监测信息，并可利用其通过地基与基础协同反分析，为地下空间的开发提供技术支持。

2. 深基坑开挖与支护技术研究

研究了深基坑双排桩支护结构的土压力与变形的变化规律，提出了双排桩支护结构的设计计算理论，建立了拥有自主知识产权的“深基坑双排桩设计计算软件”和“深基坑监测信息处理系统”，建立了桩锚土钉复合支护结构的设计计算模型，解决了桩锚土钉复合支护结构的稳定性、受力及理论计算问题，研制了拥有软件著作权的“深基坑三维仿真系统”。

3. 地下水控制技术研究

根据工程条件，研究了疏、截、降相结合的地下水控制技术；开展了真空井点降水的影响因素研究，分析了不同条件下地下水的下降速度、水位降深及影响范围的变化规律，并首次建立了基于真空井点降水的三维地下水流数值模拟模型，利用模型预测与试验数据对比，为真空井点降水的理论分析提供了依据。

4. 地下空间开挖监测技术

将工程反分析、数值模拟预测和实时监测有机结合，对地下空间开挖引起的土体变形、支护结构受力及对环境的影响进行分析，总结了地下空间开挖过程中的时空效应规律。

技术经济指标：①制定了《石家庄市工程地质地层层序划分标准》；②建立了“城市岩土工程信息系统”和“建筑物沉降监测信息系统”；③建立了考虑空间效应的双排桩支护结构计算模型；④研究了开挖卸荷过程所产生的负孔压对坑壁土体强度的影响；⑤提出了考虑“空间效应”“冠梁协调作用”及“双排桩排距影响”的双排桩设计计算理论；⑥研制了深基坑双排桩设计计算软件；⑦出版了专著《深基坑双排桩支护结构设计理论与应用》；⑧主编了标准《建筑基坑支护技术规程》；⑨深基坑双排桩支护结构施工工法获省级工法；⑩建立了桩锚支护结构的理论分析模型；⑪研制了深基坑三维仿真系统；⑫首次建立了基于真空井点降水的三维地下水流数值模拟模型；⑬建立了以工程反分析、数值模拟预测和实时监测相结合的地下空间开挖监测技术；⑭研制了深基坑监测信息处理系统。

深基坑支护项目

成果已成功应用于几十项国家及省重点工程，其中城市岩土工程信息系统获国家优秀工程勘察设计银奖；中海油东营港散杂货堆场地基加固项目、新疆农六师铝业岩土工程综合项目获河北省优秀工程勘察设计一等奖。在国家核心刊物上发表学术论文30余篇(其中EI收录5篇，他引总次数74次)，出版专著1部，授权国家专利1项，授权国家软件著作权5项，主编地方标准2项，获省级施工工法1项，培养硕士研究生8名。

本技术获河北省住房和城乡建设厅科技进步一等奖，获河北省科学技术进步奖一等奖。

（十六）腐蚀环境下混凝土的耐久性寿命预测及抗腐蚀材料研究

当地下水和地基土中含有较高浓度的硫酸盐和氯盐时，会对混凝土和钢结构产生腐蚀作用，导致混凝土强度损失，结构功能失效，危及工程安全。混凝土耐久性研究一直是工程界的难点和重点。目前，腐蚀环境下的混凝土多采用特殊水泥（如高抗硫水泥）或外加剂，这不仅增加了工程造价，其抗腐蚀效果也有待检验。另外，长期腐蚀下混凝土耐久性寿命的预测更是世界性的难题。本项目依托实际工程，在理论分析的基础上建立数学模型，实现腐蚀环境下混凝土耐久性寿命的准确预测，并通过室内试验和现场试验验证等手段开发性能优良且经济的抗腐蚀混凝土新材料。

基于海量的岩土工程勘察数据，建立了首个地基土和地下水的腐蚀性评价数据库，数据库基本涵盖我国沿海及西北地区，入库 110 项工程，1910 个数据，可以查阅研究地区地下水和地基土的腐蚀性类型、腐蚀性离子浓度、腐蚀性等级等。数据库的建立对研究地区有针对性地采取抗腐蚀措施和确保工程安全具有重大意义。

通过室内试验和现场试验，研究出利用Ⅱ级粉煤灰提高混凝土抗腐蚀性能的有效方法，并给出了抗硫酸盐腐蚀混凝土中粉煤灰临界掺量的计算方法。

根据Ⅱ级粉煤灰的特性，自主研发了 HJKFZ-1 型防腐阻锈剂，其与Ⅱ级粉煤灰在混凝土抗腐蚀性能方面具有互补性。经国家建材测试中心检测，其性能优良。

利用 MATLAB 建立了可考虑粉煤灰火山灰效应的混凝土硫酸盐腐蚀过程的数学模型，开发了 SRCLPS 寿命预测程序，可准确预测长期腐蚀环境下混凝土服役期的寿命。

该项目提出了利用Ⅱ级粉煤灰进行混凝土抗腐蚀的方法，与高抗硫水泥相比，可降低工程成本 15% ~ 20%，每立方米混凝土可消耗Ⅱ级粉煤灰 100 ~ 140 千克。

研制的 HJKFZ-1 型防腐阻锈剂性能优良，价格约比同类产品低 20%。

开发的混凝土服役期寿命预测软件——SRCLPS，可准确预测长期腐蚀环境下混凝土服役期的寿命，准确性得到了美国农垦局 USBR 40 年实际试验数据的验证。

成果已应用于沧州正元化肥有限公司年产 60 万吨合成氨和 80 万吨尿素项目、新疆农六师煤电有限公司铝电项目、伊朗南方铝业项目、印尼北苏海螺水泥有限公司一期工程等 40 余个国内外工程，产生经济效益约 31.4 亿元。应用的工程获国家优质工程奖 1 项，全国优秀工程勘察设计行业一等奖 1 项，全国化学工业优质工程奖 2 项，中国电力优质工程奖 1 项，河北省优秀工程勘察一等奖 3 项；获得软件著作权 1 项，授权实用新型专利 1 项；发表论文 13 篇（其中 SCI 收录 7 篇，EI 收录 11 篇），论文 SCI 他引 22 次；培养博士研究生 1 人，硕士研究生 2 人。

本项目以工业废料Ⅱ级粉煤灰为主要材料，为Ⅱ级粉煤灰的应用提供了新途径，已应用工程消耗Ⅱ级粉煤灰约 23.8 万吨，成果具有极高的社会效益。该项目获河北省建设行业科学技术进步一等奖，获河北省科学技术进步奖一等奖。

抗腐蚀混凝土制备

三、科技成果与获奖

（一）获得的科技进步奖

①2006 年“机械钻孔竖井施工工艺研究”获河北建设科技进步二等奖（第十二名）；

②2008年“深基坑双排桩支护结构设计理论与应用研究”获河北省科技进步奖三等奖（第六名）；

③2009年“湿陷性黄土地区夯扩挤密桩设计与施工关键技术研究”获河北省科技进步奖三等奖(第三名)；

④2009年“岩溶发育地区基桩施工技术研究”获河北省建设厅科技进步二等奖（第一名）；

⑤2011年“区域非饱和土抗剪强度特性及快速评价方法研究”获河北省住房和城乡建设厅科技进步一等奖（第一名）；

⑥2011年“深基坑支护结构与监测信息三维仿真系统”获河北省住房和城乡建设厅科技进步二等奖（第二名）；

⑦2012年“超软弱土地基加固关键技术及工程实践”获河北省住房和城乡建设厅科技成果奖（第一名）；

⑧2013年“吹填土地基处理技术及工程应用”获河北省住房和城乡建设厅科技进步一等奖（第三名），获河北省科学技术进步奖三等奖（第三名）；

⑨2014年“地下空间开挖的关键技术与应用”获河北省住房和城乡建设厅科技进步一等奖（第三名），获河北省科学技术进步奖一等奖（第三名）；

⑩2017年“腐蚀环境下混凝土的耐久性寿命预测及抗腐蚀材料研究”获河北省建设行业科学技术进步一等奖（第三名），获河北省科学技术进步奖一等奖（第三名）；

⑪2018年“吹填土地基处理技术开发及应用”获河北省建设行业科学技术进步一等奖（第三名）。

（二）获得的优秀工程奖

①2002年“邯郸供电公司点式高层住宅楼基桩及基坑围护工程”获河北省优秀工程勘察设计二等奖（第六名）；

②2003年“邯郸市电信二枢纽楼桩基与基坑围护工程”获河北省优秀工程勘察设计三等奖（第九名）；

③2006年“荆州至公安高速公路第四合同段松东河、虎渡河特大桥桩基工程”获河北省优秀工程勘察设计二等奖（第一名）；

④2008年“青银高速公路济南黄河大桥A合同段桩基工程”获河北省优秀工程勘察设计一等奖（第一名）；

⑤2009年“山西格瑞特实业有限公司2×135兆瓦煤矸石综合利用发电项目”获河北省优秀工程勘察设计二等奖（第一名）；

⑥2010年“华能海门电厂一期1、2号机组新建工程”获2010年度中国电力优质工程奖(第一名)，并获2010年度国家优质工程金质奖(第一名)，2012年获河北省优秀工程勘察设计二等奖（第一名）；

⑦2010年“大同煤矿集团塔山2×600兆瓦坑口电厂工程制桩工程”获河北省优秀工程勘察设计二等奖（第一名）；

⑧2010年“南京大胜关长江大桥桩基工程”获河北省优秀工程勘察设计二等奖（第一名）；

⑨2010年“曹妃甸原油码头及配套工程曹妃甸油库10万立方米原油储罐基础工程”获河北省优秀工程勘察设计二等奖（第一名）；

⑩2010年“唐山市曹妃甸工业区供水工程蓄水池地基处理工程”获河北省优秀工程勘察设计一等奖（第一名）；

⑪2012年“中海油东营港散杂货堆场地基加固工程”获河北省优秀工程勘察设计一等奖（第一名）；

⑫2012年“山西大唐临汾河西热电厂‘上大压小’扩建工程（基础处理工程）”获2012年度中国电力优质工程一等奖（第一名）；

⑬2013年“新疆农六师铝业有限公司岩土工程综合项目”获全国优秀工程勘察设计一等奖（第五名）；

⑭2015年“邯郸金世纪新城岩土工程勘察、基坑支护、地下水控制及监测工程”获河北省优秀工程勘察设计一等奖（第二名），获全国优秀工程勘察设计一等奖（第二名）。

（三）取得的国家专利、软件著作权

①2012年“一种软弱地基的加固处理方法”获国家发明专利（第二完成人）；

②2012年“一种土水特性曲线测试仪”获国家实用新型专利（第二完成人）；

③2014年“一种区域非饱和土抗剪强度的快速测定方法”获国家发明专利（第二完成人）；

④2014年“基于多终端土水特性曲线测试系统的测试方

法”获国家发明专利（第二完成人）；
⑤2019 年“一种赤泥和粉煤灰地质聚合物材料配方及其制备方法”获国家发明专利（第三完成人）；
⑥2019 年“一种脱碱赤泥和粉煤灰地质聚合物材料配方及其制备方法”获国家发明专利（第三完成人）；
⑦2019 年“一种常温下赤泥和粉煤灰地质聚合物材料配方及其制备方法”获国家发明专利（第三完成人）；
⑧2019 年“一种利用赤泥和粉煤灰制备地质聚合物材料的方法”获国家发明专利（第三完成人）；
⑨2020 年“一种桩身可加热的赤泥粉煤灰地质聚合物桩的施工方法”获国家发明专利（第三完成人）；
⑩2020 年“一种赤泥粉煤灰地质聚合物桩的桩身加热装置及加热方法”获国家发明专利（第三完成人）；
⑪2020 年“一种注浆自动控制装置”获国家实用新型专利（第二完成人）；
⑫2016 年“抗硫酸盐腐蚀混凝土寿命预测软件”获软件著作权（第三完成人）；
⑬2019 年“岩溶区地面塌陷危险性评价软件”获软件著作权（第三完成人）。

（四）发表的科技论文

①2003 年在《河北勘察》第一期发表论文《对基坑支护规范重力式水泥土挡墙计算公式的讨论》（第一作者）；
②2003 年在《河北勘察》第一期发表论文《基坑支护设计中，C、ϕ 值的取值和试验方法的探讨》（第二作者）；
③2006 年在《河北建设科技与勘察设计》第 3 期发表论文《浅析超大直径、超深桩基施工技术》(第一作者)；
④2006 年在《工程勘察》增刊发表论文《某电厂湿陷性黄土地基处理方法的对比试验》（第二作者）；
⑤2006 年在《工程勘察》第 3 期发表论文《唐山市体育场岩溶塌陷地质灾害勘察与治理》(第二作者)；
⑥2007 年在《城市勘测》第 6 期发表论文《基于长桩 $Q-S$ 曲线的桩身摩阻分析方法》(第二作者)；
⑦2008 年在《岩土工程技术》第 1 期发表论文《大直径、高置换率振冲碎石桩复合地基应力特征试验分析》(独著)；
⑧2008 年在《石家庄铁道学院学报》第 1 期发表论文《灰土挤密复合地基桩土应力比试验研究》(第一作者)；
⑨2008 年在《工程建设与设计》第 3 期发表论文《黄土地基夯扩挤密桩单桩静载荷试验研究》(第一作者)；
⑩2008 年在《铁道建筑》第 3 期发表论文《夯扩素土挤密桩处理湿陷性黄土地基试验研究》(独著)；
⑪2008 年在《交通世界》第 3/4 期发表论文《黄土地区灰土挤密桩施工质量影响因素分析》(第二作者)；
⑫2008 年在《山西建筑》第 6 期发表论文《湿陷性黄土地区夯扩挤密桩施工技术研究》(第二作者)；
⑬2008 年在《工程勘察》第 10 期发表论文《湿陷性黄土地基夯扩挤密桩挤密效应试验研究》（第三作者）；
⑭2010 年在《温州大学学报》第 31 卷增刊 1 发表论文《夯实挤密桩加固湿陷性黄土地基承载力性状现场试验研究》（第二作者）；
⑮2011 年在《煤炭学报》增刊 2 发表论文《深基坑开挖过程中桩锚支护结构变形和受力状态演化过程》，EI 收录（第一作者）；
⑯2013 年在《北京交通大学学报》第 1 期发表论文《强夯块石墩法处理软弱土地基的试验》（第一作者）；
⑰2015 年在《岩土力学》第 5 期发表论文《渗透作用下多孔介质中循环浓度污染物的迁移过程研究》,EI 收录(第一作者）；
⑱2015 年在《土木工程学报》增刊 1 发表论文《可溶性污染物在非饱和成层土中的迁移规律研究》，EI 收录（第一作者）；
⑲2015 年 在 *Construction and Building Materials* 第 84 卷发表论文 *Numerical simulation of fly ash concret under sulfate attack*（第三作者）；
⑳2015 年在《土木工程学报》第 10 期发表论文《含粉煤灰的混凝土桩体现场取芯试样的耐久性研究》（第三作者）；
㉑2015 年在《混凝土》第 7 期发表论文《粉煤灰和矿粉含量对混凝土抗硫酸盐腐蚀影响的试验研究》（第三作者）；

㉒2018年在《粉煤灰综合利用》第6期发表论文《抗硫酸盐腐蚀混凝土中粉煤灰临界掺量的估算方法》（第三作者）；

㉓2019年在《土木工程学报》增刊1期发表论文《隧道爆破振动下既有建筑结构动力响应及损伤研究综述》（第三作者）；

㉔2019年在《粉煤灰综合利用》第5期发表论文《粉煤灰固化赤泥的试验研究》（第二作者）。

（五）出版著作

①《深基坑双排桩支护结构设计理论与应用》，中国建筑工业出版社（参编）；

②《新近吹填土地基处理新技术及工程实践》，中国建筑工业出版社（第二作者）；

③《隐伏型岩溶区建筑地基稳定性评价方法研究与工程实践》，科学出版社（第三作者）。

（六）参编规程标准

①《湿陷性黄土地区夯扩挤密桩技术规程》（主要起草人）；

②《旋挖钻机施工技术规程》（主要起草人）；

③《水泥土桩复合地基技术规程》（主要起草人）；

④《建筑基桩施工技术规程》（主要起草人）；

⑤《城市轨道交通基坑内支撑支护技术标准》（主要起草人）。

张国欢

1961年2月出生于河北河间,1980年9月至1984年7月就读于中国矿业学院地质系水文地质与工程地质专业，1984年9月分配到煤炭部邯邢煤矿设计研究院（中煤邯郸设计工程有限责任公司前身）工作。历任地质科科长、勘察处副处长，2000年被任命为院技术部主任，2003年被任命为单位副总工程师兼岩土公司总工程师及中煤中远工程质量检测有限公司技术负责人。2000年9月被国家安全生产监督管理局授予教授级高级工程师；2003年3月成为我国第一批注册土木（岩土）工程师。2000年就任邯郸市国宁工程设计咨询公司副董事长。

个人荣誉

1997年7月被邯郸市人民政府选拔为“跨世纪学术和技术带头人”,2000年12月在国家实施的“百千万人才工程”中被列为煤炭系统专业技术拔尖人才，2019年被河北省住房和城乡建设厅、河北省人力资源和社会保障厅授予“河北省工程勘察设计大师”称号。

社会兼职

河北省土木建筑学会第七届理事会理事，河北省土木建筑学会工程诊治与质量控制学术委员会第二届委员、常务委员，河北省工程勘察设计咨询协会工程勘察与岩土分会常委、副理事长、兼副秘书长；《河北勘察》杂志编委；煤炭系统勘察设计专业技术专家，河北工程大学硕士研究生企业导师，邯郸职业技术学院（原邯郸大学）客座教授。

单位评价

张国欢同志于1984年9月来到我单位工作30多年来，勤勤恳恳，努力钻研技术，在1995年我单位的质量管理体系认证中做出了突出贡献，使我院成为获得煤炭系统首批认证的单位。

该同志为我单位技术专家，曾任首席设计师，他主持或作为技术负责人的工程有多项荣获省、部级优秀勘察设计奖。该同志独立研编的“砂土液化评价及计算软件”通过原煤炭部的技术鉴定；主编了《煤炭工业矿井建设岩土工程勘察规范》(GB 51144—2015)及《煤炭工业矿井抗震设计规范》(GB 51185—2016)；主审了《煤矿采空区岩土工程勘察规范》(GB 51044—2014）及《露天煤矿岩土工程勘察规范》（GB 50778—2012）；参编了《河北省建筑地基承载力技术规程》（DB 13(J)/T 48—2005）、《岩土工程勘察地层描述技术规程》（DB 13(J)/T 152—2013）及《河北省房屋建筑和市政基础设施工程施工图设计文件审查要点》；作为主要编制人之一完成了《矿山工程地质与测量通用规范》的研编工作，并已经过专家组的中期评审；与其他专业技术人员一起共同研发了“采区提升机钢丝绳防飘装置”实用专利技术，提高了箕斗的安全运行性及提升能力。

脚踏实地 惟以求真

一、成长经历

1986年我作为项目负责人主持了晋城矿务局成庄矿井工业场地的勘察工作。成庄矿井是年产400万吨（后扩建为800万吨）的特大型煤矿矿井，属国家重点建设项目。这是我毕业后第一次单独负责这样的重大建设工程，且项目地处山西的湿陷性黄土区，任务艰巨，责任重大。勘察场地同时上了5台钻机，1台静力触探车，雇佣民工同时开挖几十个探井。当时由于我刚毕业两年多，经验少，总怕干不好工程，辜负领导的信任与期望，故我每天都如履薄冰。我在内心给自己定下了一条规矩——每个探井我都要亲自下去取样并进行土层描述，另外对每个钻孔的岩芯都要亲自鉴定，同时与其他钻孔的岩芯及周边探井资料进行比对；在现场及时绘制剖面草图，白天时间不够用就在晚上绘制，目的是及时发现地层变化或是鉴定分层是否有误，以便及时调整勘察方案。由于我的认真负责及精心工作，使现场勘察的原始资料一次顺利通过验收，勘察报告也顺利通过各级校审及批准发行。晋城矿务局成庄矿井工业场地的高强度勘察工作使我得到了很好的锻炼，也使我快速成长、成熟了起来。可见领导压担子，自己勇于承担、敢于负责，不失为年轻人快速成长的重要途径之一。

就在成庄矿井项目如火如荼地建设时，其配套的风井场地投资（主要为矿井通风与送料）直接投资已达1000多万元。当时的风井井筒已施工了几百米的深度，征地及平场工作已完成，三道挡墙及变电所也已建成。然而在1988年雨季后，风井场地内的三道挡墙先后垮塌（出现了成庄风井场地的局部滑坡及已施工的边坡挡墙部分或全部垮塌情况）。当时的煤炭建设公司技术副总到现场后认为：“风井场地可能处在一个大滑坡体上，应择址搬迁另建。”对此，当时的煤炭部基建司领导、晋城矿务局领导、邯邢煤炭指挥部领导及我院领导都非常重视，立即责成我院组织专家现场踏勘，经初步踏勘及收集场地相关资料，初步认同了煤炭建设公司技术副总的意见，其主要理由为：场地发现了“醉汉林”，前缘有类似的滑坡舌、滑坡鼓丘及挤压的张裂缝，后面有滑坡后椅、积水洼地及双沟同源迹象等滑坡特征，另外表层岩土（第4层杂色碎石土）有明显的移动痕迹。为了慎重起见，决定由我院对其实施专项勘察（滑坡勘察或场地稳定性勘察）工作，以确定风井场地的适宜性、稳定性或择址另建的科学依据。

场地内三道挡墙坍塌（垮塌）照片

我单位接受任务后及时组织专业技术人员实施了现场勘察工作（主要采用工程钻探和探井），先后组织了两次进场勘察（两位勘察技术负责人各做了一些勘察工作），但由于场地条件复杂、工程钻探及探井开挖都很困难，加之勘察工作环境艰苦及设备进出也十分困难等因素，两次勘察均未实质性查清场地地层情况（当然也无法确定风井场地的稳定性及是否需要搬迁）。考虑我在成庄矿井工业场地勘察的经验，单位领导第三次指派我为风井场地滑坡勘察负责人进场勘察。这个项目对我影响深远，使我学会了用工程地质方法分析与解决问题的能力。

首先我对前面两位勘察技术负责人所做的勘察工作进行了分析，然后制定了详细的勘察方案，经讨论批准后带队进行了第三次现场踏勘与勘察工作。下面主要通过本勘察项目介绍工程地质工作与分析方法，用工程地质方法解决场地的技术问题。

张国欢在汇报勘察情况

首先通过现场勘察，发现表层的第4层杂色碎石土比较松散（场地内的三道挡土墙墙后均为此碎石土，附照片），该层杂色碎石土厚度在5～10米，下部为第5层Q1深色角砾土，呈密实状态，厚度大于20米，再向下为第6层岩石地层。初步了解了地层分布情况后，我便进行了该区域古地质历史及古地貌发展演变的分析与研究工作，并扩大了调查区域（扩大到场地外围很大范围），结果证实在风井场地以外的其他区域也存在第5层深色角砾土，测绘证实其所处的标高也与本场地相吻合。这样就基本可以证实这是在同一个时期冲洪积形成的碎石土地层，后来由于地壳上升，沟谷切割而残存在一些山谷内。为了证实上述设想，更为了验证第5层角砾土稳定性，我们在所谓的滑坡前缘、后缘及中部区域开挖4个竖井（竖井在通过上部第4层杂色碎石土开挖时需要支护，成井困难），在第5层角砾土中没有发现滑动面，甚至含水量较大的层位都没有，为此证实该层角砾土稳定，无滑动可能。至此判定风井场地为上部的第4层杂色碎石土，属中、浅层滑坡（局部为雨水造成的边坡坍塌，挡墙设计及施工均存在质量问题），下部厚层（第5层）的深色角砾土及更下部的岩石是稳定的。此结论得到了王步云和范士凯大师的认可，并向建设方及当时的煤炭部基建司进行了汇报。

王步云大师在听取汇报、指导工作

所说的醉汉林——马刀树

风井场地内的几道挡墙垮塌情况：

其断面及背后填土情况

滑坡前缘的张裂缝情况

弧形挡墙破坏情况

破坏后残存的挡墙加护坡

滑塌面情况

垮塌破坏情况

滑塌破坏情况

边坡的片滑破坏情况

在水作用下呈泥石流状淤积

为此我建议：风井场地只需要对上部第4层杂色碎石土边坡进行修复，对风井井筒上游的中、浅层滑坡进行治理（后来进行了抗滑方桩的设计与施工）即可，整个风井场地不需要搬迁。这一结论得到了各方的认可，既减少了大量投资费用损失，同时又保障了整个矿井的按期达产。

通过这个项目，我认识到了工程地质分析方法的重要性，尤其在矿山勘察工作中的重要性，这与当下一般的城市岩土工程勘察存在明显差别，下面就借用范士凯大师的赠书留言结束我的心路历程及对工程地质的认识（附5张图片，为范大师硬笔书写）。

二、主要学术成果

本人一直在生产一线从事岩土工程勘察及岩土工程设计等技术生产及技术管理工作，共参与了几百项的建

基本理念与原则

工程地质学是地质学的一个独立分支。就其学科属性而言，它应属于自然科学范畴。同时，它又是一门与土木工程技术相结合的边缘学科。这并不影响它的基本学科属性，因为它深深扎根于广义的地质学之中。

岩土工程必须以工程地质为基础。它是在工程地质勘察、研究的基础上，应用土木工程的相关理论、方法和技术标准，解决具体工程的技术课题。因此，它的学科属性应属于工程技术范畴。

工程地质与岩土工程相互依存，但不能互相取代。

工程地质的工作程序和技术路线应遵循：由区域到场地、由宏观到微观、由定性到定量的原则。不应"只见树木，不见森林"。

岩体工程地质应遵循以"岩体工程地质力学"为基础的"岩体结构控制论"，即岩体结构决定岩体的工程性质。这就需要应用地质力学、构造地质学、矿物学、岩石学、区域地质学乃至大地构造学等广泛的地质学知识，同时应用岩石力学和土力学乃至材料力学、结构力学等方面的知识，才能解决好岩体工程地质课题。

土体工程地质应遵循以地貌单元、地层时代、和地层岩性组合这三种要素决定土体工程基本性质的"宏观控制"原则。这就要应用地貌学及第四纪地质学、区域地质学、沉积学等地质学的理论，从土体的成因、历史演化及土体作为地质体的地层岩性组合特点去研究土体的宏观特征，再应用土力学、土质学、土动力学等方面的知识，才能解决好土体工程地质课题。

鉴于岩、土体的复杂性和多变性，在解决岩土体的定量问题时，应在充分进行地质研究的基础上，采取以下方针：

理论导向，经验判断。
定量计算，定性使用。
精确测试，合理反算。

岩土体的突出特点是非均质、各向异性。要想得到接近实际的模拟分析、计算结果，就应当在区分地域性特点的基础上，从地质体的成因、演化历史（时代、年令）、地层岩性组合及其相变等地质特征入手，建立真实的非均质、各向异性的地质模型，再建立相应的数学模型，进而作模拟分析计算；那种抛开地质体的基本特征，企图以均质化或模糊化的数学模型进行"定量"分析的做法，其结果必然失真。

要把地质体放在区域的背景中，从宏观的空间分布、成因及其历史演化的角度去分析问题，也就是从时空概念上去分析地质体，才能得到客观合理的结论。

当今工程地质界要纠正三种倾向：一是"重岩轻土"——重视山区工程岩体研究，轻视平原区城市工程土体研究。这明显不符合我国城市化的需要；二是只顾具体工程项目研究，忽视工程地质基本理论研究，结果使工程地质研究碎片化和工程地质学被边缘化；三是逃避野外工作，热衷于室内"分析"，甚至在计算机上搞地质。这三种倾向若不纠正，工程地质学的发展堪忧！

"责任与担当"是工程技术人员应有的品质。尤其是从事工程建设的勘察、设计人员，在提供设计参数和评价结论及建议或制定设计方案时，要意识到我们的每一个数据和方案都饱含大量金钱。有一位老革命家在1973年视察山西太焦铁路时说过："农民花钱是一分一分地花，我们是一万一万地花。"如今，农民花钱可以一块一块的花了，我们却是一百万一百万地花了。所以，我们应当坚定地树立"既要安全可靠，又要经济合理"的设计理念。那种"只要安全可靠，不管是否经济合理"的做法应当纠正。说到底，这还是一个责任与担当问题。

范士凯书于2016年10月[①]

①为了尊重作者，手稿保留了不规范字。

设工程项目，其中主持负责大型建设工程几十项，形成了多部技术文件及技术专著。如1989年研编的"砂土液化评价及计算软件"通过原煤炭部的技术鉴定，在研编"砂土液化评价及计算软件"的过程中我深入学习了饱和土的液化机理及各种评价方法，这也为我后来的液化勘察工作奠定了坚实的基础；另外作为第一主编人全面策划并编写完成了《煤炭工业矿井建设岩土工程勘察规范》（GB 51144—2015）；作为主要编写人完成了《煤炭工业矿井抗震设计规范》（GB 51185—2016）的编写工作。在这两本规范中我对岩土勘察及相关内容的编排进行了全面整合与协调，比如把"液化判别与评价的具体勘察技术要求"从"抗震规范"中纳入到"勘察规范"中，而在"抗震规范"中只编写原则性技术要求。这一变动可谓影响巨大，但我认为这才更符合实际、更加合理，也更便于勘察技术人员使用，当然这一调整也得到了其他编委及规范评审专家的认可（见如下的《煤炭工业矿井抗震设计规范》第3章《岩土工程》内容介绍）。

（一）一般规定

（1）选择建设场地时，应对地质构造、地形地貌、工程地质及水文地质条件、地震地质等进行调查、测绘、勘探与测试工作，并应初步评价地震对建设场地的影响。

（2）岩土工程勘察应对建设场地的稳定性和适宜性进行分析与评价，并应符合现行国家标准《煤炭工业矿井建设岩土工程勘察规范》（GB 51144-2015）的要求，对建设场地划分抗震有利、一般、不利或危险的地段。

（3）抗震设防烈度大于或等于7度的场地，应进行地震效应的分析与评价；本规范表2.1.2中除井下工程以外的乙类工程和丙类中的高大建筑工程，当其处于6度区时，应提高至7度进行液化判别。

（二）液化评价

（1）饱和土地震液化的初步判别除应计及其地形地貌、地下水性质、土的灵敏度、颗粒组成等因素外，还宜结合静力触探、相对密度等其他成熟的方法进行判别。初步判别有液化可能时，应做进一步判别。

（2）饱和砂土和一般饱和粉土的液化判别，应符合现行国家标准《建筑抗震设计规范》（GB 50011—2010）的规定，饱和黄土的液化判别应符合现行国家标准《煤炭工业矿井建设岩土工程勘察规范》（GB 51144—2015）的规定。

（3）地震液化的危害程度除应计及液化等级外，尚应根据场地地形地貌特征，可液化土层的埋藏深度、厚度与有效覆盖压力，土的颗粒组成、级配与相对密度，以及地下水性质、水位变化与补给排泄条件等因素进行综合分析与评价。

（4）对历史上发生过地震液化的场地应重新分析与评价其再次发生液化的可能性，并应补充勘探与测试；对倾斜场地或液化土层临空时，还应评价土层液化引起滑动的可能性。

（三）震陷评价

（1）抗震设防烈度大于或等于7度的厚层软土分布区，应根据现行行业标准《软土地区工程地质勘察规范》（JGJ 83—2011）进行分析与评价；对抗震设防烈度大于或等于9度的厚层软土分布区，其天然地基的可行性应进行专门研究。

（2）采用天然地基的建筑结构，当抗震设防类别为乙类时，应进行专门的震陷分析与计算。

（3）煤矿采空区的震陷应符合现行国家标准《煤矿采空区岩土工程勘察规范》（GB 51044—2014）的规定。对抗震设防烈度大于或等于7度的地区，应计及地震对其已经稳定的老采空区的震陷影响；对抗震设防烈度9度的乙类和丙类中的高大建筑工程，其采空区的稳定性应进行专门研究。

（四）活动断裂

（1）抗震设防烈度大于或等于7度的工业场地，应进行活动断裂的专项勘察，并应查明断裂的位置和类型，同时应分析其活动性，并评价活动断裂对矿井及选煤厂工程的影响。对重点矿井建设项目还应进行建设场地的专项“工程场地地震安全性评价”工作。

（2）矿井及选煤厂工程可不避让非活动断裂，但当非活动断裂上的土层覆盖厚度小且破碎带发育时，应按不均匀地基处理。

（3）符合下列条件之一时，可忽略发震断裂的错动对矿井及选煤厂工程的影响：

①抗震设防烈度小于7度时；

②非活动断裂；

③抗震设防烈度为7、8度且隐伏断裂上的土层覆盖厚度大于60米或9度且隐伏断裂上的土层覆盖厚度大于90米时。

（4）对不符合本规范第3.4.3条条件的矿井及选煤厂工程，应避开主断裂带，其避让距离不宜小于表3.4.4的规定。

发震断裂的最小避让距离（米）

设防烈度	矿井及选煤厂工程抗震设防类别		
	乙类	丙类	丁类
7度、8度	200	100	可不避让
9度	400	200	可不避让

注：①避让距离指断裂边缘距拟建地面建筑工程的距离，计算时应去掉断裂带的宽度。

②适用于道路桥梁工程中的大桥及其大桥以下工程类别。

经过技术调研及亲赴宁夏海城地震展览馆等了解后，我在《煤炭工业矿井建设岩土工程勘察规范》（GB 51144—2015）中第一次将“饱和黄土”的液化判别纳入到该规范中（这在我国所有规范中为首次）；另外经过长年实践与探索，我发现抗浮水位问题的严重性及复杂性，故在该规范中对抗浮水位的确定提出较全面的要求（规范9.2.5条“对进行抗浮设计的煤矿矿井与选煤厂地面建筑工程，应给出抗浮设计水位。抗浮设计水位应根据地下水长期观测资料及水位变化的影响因素综合分析后确定，对水文地质条件复杂的场地宜通过专门的评审论证确定抗浮设计水位”）；在此规范中还有很多创新点，如首次提出了矸石填土（规范 7.2 节）及人工冻融土（规范 7.3 节）的勘察方法与技术要求。

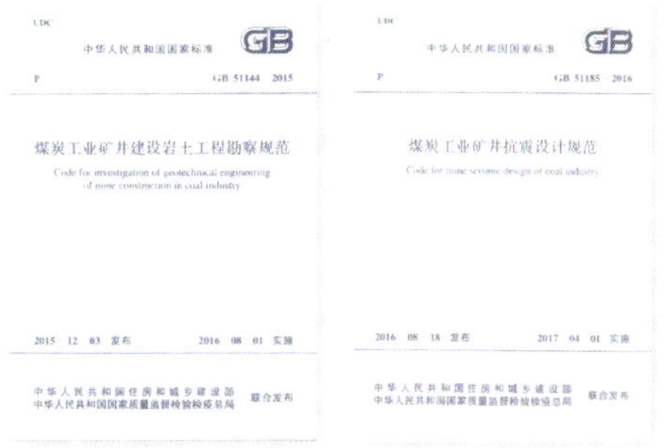

相关规范封面

三、主要工程项目

（一）张家口中煤煤机装备园区项目

张家口煤矿机械厂是目前世界上最大的煤矿机械加工制造企业，位于张家口万全经济技术开发区内，场地内有厚达 20 ~ 30 米的填土。我单位负责其场地勘察、地基处理设计及检测与监测等工作。我作为技术负责人做了多个地基处理方案的设计与比选工作，并多次向中煤装配公司、张家口煤矿机械厂及中煤建设公司领导汇报，最后经过经济技术比较，选定了我强力推荐的“分层强夯处理地基”的方案。该地基处理方案通过了王步云、梁金国大师的评审，强夯地基处理费用约 2.1 亿元，较挤密桩法处理方案节省投资 2 亿元。

中煤煤机装备园区（强夯处理地基）

本地基处理工程工作量大，技术、施工难度大。由于工期紧，在强夯处理之初，一些施工单位提出深部填土的强夯处理时可放松质量控制标准，我作为地基设计负责人严肃重申了地基处理的整体控制目标——填土强夯处理完成后总沉降量不用超过结构允许值，深部的填土强夯处理控制标准不能降低。在我的带领及坚持下，经过科学合理的技术组织措施及严格的技术要求，最终该工程的最大沉降量小于 200 毫米，该工程在 2015 年荣获鲁班奖。

本工程经验：分层强夯可有效控制深厚填土的承载力及固结变形，但应注意深部填土的强夯质量控制标准应与上部一样或达到深部强夯质量控制的要求，否则无法控制深厚填土处理后的总沉降量；另外强夯处理设计可依据填土厚度分布实施先深后浅的处理施工顺序，也可考虑采用不同夯击能（本工程采用了 4000 千牛·米、6000 千牛·米、8000 千牛·米三种夯击能联合处理地基）的地基处理设计与施工工作，当应注意强夯的搭接，确保地基处理无死角。在深厚层填土与前层出露基岩的紧密衔接区域，除应注意强夯控制标准外，还应采用对浅部基岩实施一定厚度挖除（可渐进式或台阶或挖除岩石）再回填强夯的处理方式，这样可有效减小相邻柱基的差异沉降，从而保证厂房的正常使用。

中煤煤机装备园区（分层回填土）

张家口中煤煤机装备园区（厂房一角）

张家口中煤煤机装备园区（试验中心）

补连塔工人村场地勘察照片

补连塔矿输煤栈桥照片

补连塔矿井原煤仓等

（二）内蒙古补连塔矿矿井项目

该矿井为年产800万吨的国家特大型煤矿矿井，属国家重点能源建设项目，位于内蒙古伊旗境内的河套，场地主要为松散砂层，地下水位浅，大部分建筑物需要进行地基处理（高大建筑采用了桩基方案）。经过多个地基方案的经济与技术比选，最后决定采用振冲碎石桩处理地基，这既消除了液化，又提高了复合地基承载力。

1993年，我单位为处理补连塔矿的松散砂土，专门购进了多套“振冲碎石桩”的处理设备，并在场地内的建（构）筑物范围外进行了振冲碎石桩试验研究与施工工作。试验取得了成功，并实施了大范围的振冲碎石桩施工，经过检测完全满足上部荷载要求。这一地基处理保证了建设工期，节约了投资。该矿井在2000年荣获第九届国家设计金奖。

（三）邯郸市新时代广场项目

邯郸市新时代广场项目位于邯郸市闹市区，北侧紧临人民路，南侧紧临已有6层砖混住宅楼（比较老的住宅，结构性差）。我们承接了该项目的“基坑工程与隔水维护设计”工作，该基坑开挖深度16米，地下水位浅，基坑侧壁的土质差（基本为软弱土），场地空间狭小，故设计难度很大。

我们第一次在邯郸地区采用了双排桩+多道锚索的支护方案，双排桩之间采用高压旋喷桩隔水帷幕，既起到隔水作用，同时又提高了双排桩的抗弯刚度。本基坑工程在计算时采用当时最先进的设计理念及美国计算软件进行计算，对不同开挖深度的土内应力状态进行模拟，确保了基坑工程及坑边建筑的安全，也因此获得河北省 2015 年优秀岩土设计一等奖。

基坑及坑边住宅楼

新时代广场基坑施工照片

新时代广场使用后照片

（四）晋城矿务局成庄矿项目

该矿井原设计为年产 400 万吨（后扩建为 800 万吨）的国家特大型煤矿矿井，属国家重点能源建设项目，位于山西省晋城的黄土区。该矿井在 2000 年荣获第九届国家设计银奖。我负责了该矿井工业场地的岩土工程勘察、铁路专用线的工程地质勘察及风井场地稳定性勘察，工业场地位于湿陷性黄土区；铁路专用线总长 19 千米，跨越平坦场地及山岳，进行了大量地质调查及工程地质测绘工作，查清了山岳的地质构造及岩溶发育情况；风井场地稳定性勘察在当时更是意义重大，不仅决定了风井场地的搬迁与否，更决定了整个矿井如期达产及众多人的前途。

正如我在前面的“成长经历”中所述，风井场地稳定性勘察是我第一次真正将工程地质学原理及分析方法应用到现场勘察工作中，在这个项目中我投入了巨大精力，也获益颇丰。

成庄矿应急指挥中心

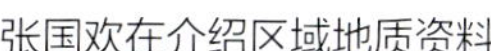

张国欢在介绍区域地质资料

张国欢在讨论风井场地稳定性

成庄矿立井井塔、电厂

（五）太行集团峰峰水泥厂（住宅楼）

本工程设计为24层住宅楼，位于峰峰矿区。1997年勘察揭露地基为Q3黄土状土，上部具湿陷性，筏板基础以下的黄土状土没有湿陷性。我们设计了3.5米厚的碎石垫层处理地基，以解决天然黄土地基承载力不满足设计荷载要求的问题。通过对碎石垫层的配比及承载力的试验与研究，最终检测结果是“碎石垫层”的承载力远大于设计使用要求，这一方案与原设计的灌注桩设计方案相比节省了投资。该地基碎石垫层处理设计与研究获得了河北省优秀岩土设计二等奖。

峰峰水泥厂24层住宅楼

周保良

男，汉族，1968年11月出生，籍贯河北沧州，中共党员，本科学历，学士学位，正高级工程师，一级建造师，注册岩土工程师，河北省工程勘察设计大师，现任中土国际科技集团有限公司监事会主席、河北省保障性住房协会会长、河北省土木建筑学会工程诊治与质量控制学术委员会主任委员等。

社会任职

周保良同志先后被聘为河北工程大学建筑与土木工程专业（领域）硕士研究生指导教师、石家庄铁道大学硕士研究生校外指导教师、华北理工大学建筑与土木工程领域工程硕士专业学位研究生校外实践指导教师、《西部探矿工程》编辑委员会委员等；还被聘为全国工程勘察设计行业奖评审专家、河北省建设系统安全生产专家、河北省危险性较大建设工程安全专项施工方案论证审查专家、河北省评标专家库评标专家、河北省工程勘察设计专家委员会专家、河北省城市建设投融资协会咨询专家、石家庄市轨道交通有限责任公司质量安全专家、《基于北斗卫星导航系统的建筑安全监测技术导则》编制专家组专家等；还担任河北省土木建筑学会工程诊治与质量控制学术委员会主任委员、河北省土木建筑学会地基基础学术委员会副主任委员、河北省保障性住房协会会长、河北省注册岩土工程师协会副会长、河北省勘察设计咨询协会工程勘察与岩土分会副理事长、河北省超限高层建筑工程抗震设防审查专家委员会委员、河北省土木建筑学会会员等职务。

个人荣誉与学术成果

周保良同志组织研发了建筑节能用相变储能混凝土、新型建筑节能用透明隔热涂料、粉煤灰泡沫玻璃等，深入研究了夯实水泥土桩复合地基技术、长螺旋钻孔泵压混凝土桩复合地基技术、小康住宅软土成套技术及红外热像技术等高新技术在建筑行业中的实际应用，促进了河北省岩土工程技术进步。2019 年 12 月，被评为“河北省工程勘察设计大师”。

周保良主持的科研课题曾获河北省建设行业科学技术进步一等奖 7 项、二等奖 3 项、三等奖 3 项，河北省科技成果奖 6 项，河北省优秀工程勘察设计奖 24 项、石家庄市优秀工程勘察设计奖 5 项；参编岩土工程相关专著 3 部，发表学术论文 17 篇，作为主要起草人编制 5 项技术规程，另有 3 项在编。他参与的各项技术规程在诸多方面填补了国内行业空白，为推动行业技术发展做出了突出贡献。

单位评价

周保良同志在工作中注重创新，认真钻研，专业知识扎实，业绩成果突出。作为技术负责人、专业审查人、技术顾问、超限审查专家及专项审查专家，周保良为河北省具有影响力的超限超高建筑做出了重大贡献。保定万博广场、石家庄开元环球中心等工程项目后来都成为城市地标。

在中土国际科技集团有限公司任职期间，经过多年的工程实践探索和技术总结，周保良同志取得了丰硕的科研技术成果，不但促进了集团的发展壮大，更为建设行业的发展进步做出了突出贡献。

三十载惊涛拍岸 九万里风鹏正举

——记河北省工程勘察设计大师周保良的成长历程

周保良，1968年11月出生于河北沧州，1991年7月毕业于河北煤炭建筑工程学院，并由此开启了岩土工程、勘察设计事业的辉煌人生。毕业当年，他进入河北省建设勘察研究院从事岩土工程工作，历任实习生、助理工程师、工程师。1998年2月至2018年10月，历任河北大地建设科技有限公司高级工程师、正高级工程师、副总经理、总工程师、监事会主席。2018年11月至今，任中土国际科技集团有限公司监事会主席。

功崇惟志，业广惟勤。从实习生到工程师，从高级工程师到行业权威专家，从普通员工到副总经理，从总工程师到监事会主席，无不渗透着周保良的勤奋与汗水；从几个人的默默无闻的单一岩土工程业务的初创小公司，到目前仅技术人员就达2000多人，成为省内技术领先、全省规模最大的集工程咨询、勘察、设计、特种技术、检测、审图等精细化、专业化、集团化的全产业链建筑科技服务领军企业，无不践行着他刚入大学就已确立“认真学习专业技术，努力为社会做贡献”的鸿鹄之志。

从业30年来，从开启规划设计企业改制的首个试点到跨入快速发展的新世纪，从站上人生事业的新起点到进入昂扬奋进的新时代，30年风雨同舟、30年披荆斩棘、30年砥砺奋进，他引领着大地人绘就了一幅波澜壮阔、气势恢宏的发展画卷，谱写了一曲感天动地、气壮山河的奋斗者赞歌。

千里之行，始于足下；九层之台，起于累土。30年来取得的成就，不是天上掉下来的，更不是别人恩赐施舍的，而是周保良用勤劳、智慧、勇气干出来的！小学时任少先队大队长、中学时任团支部书记、大学时成为班级中两个党员之一，他时刻要求思想积极进步，这成为他非凡胆略、坚定自信的源源动力，造就了有理想、有学问、有才干的实干家。

三十载惊涛拍岸，九万里风鹏正举。江河之所以能冲开绝壁夺隘而出，是因其积聚了千里奔涌、万壑归流的洪荒伟力。在公司20多年的发展进程中，周保良经历了太多太多的磨难，做出了太多太多的牺牲，进行了太多太多的拼搏，积累的强大能量已经充分爆发出来，为实现中土国际“成为行业引领者”的企业愿景提供着势不可挡的磅礴力量。

一、工作业绩及代表性项目

（一）带领企业创新发展，打造行业权威品牌

河北大地岩土工程有限公司于1997年成立，是根据《建设部开展企业集团试点工作指导意见》批准成立的第一批股份制建筑企业之一，原隶属于河北省建设委员会，也是建设部认证的全国大中型勘察设计行业改制的第一个试点企业，是中国13个现代化管理企业试点单位之一。

艰难困苦，玉汝于成。公司创立之初，只有几个人，当时全国大中型勘察设计企业都是事业单位，第一个改制成股份制企业，面临着人才缺乏、业务难找、前景迷茫等诸多艰难困苦。周保良深知，只有顺应历史潮流，积极应变，主动求变，才能与时代同行，因此他义无反顾地加入到这个“一穷二白”改制后的初创小企业。

30年来，周保良始终坚持通过解放思想、实事求是，大胆地试、勇敢地改，筚路蓝缕、艰苦奋斗，终于带领公司干出了一片新天地。中土国际始终秉承“务实、创新、敬业、报国”的核心价值观，凭借领先的建设综合科技实力、雄厚的资质实力与强大的技术实力，在业内受到一致好评。

作为新河北的建设者和见证者，周保良兢兢业业、不断进取，带领公司经历了新时期建设行业的变迁和发展。公司立足河北，面向全国，秉承“以创新求活力、以技术求生存、以信誉求发展”的方针，践行“科技兴业”的发展战略，深化服务意识，强化内部管理和企业文化建设，凭借自身资源技术优势，集成创新、集群发展，不断致力于打造精细化、专业化的全产业链建筑科技服

务领军企业。

周保良积极秉承“产、学、研、用”相结合的发展理念，与天津大学、哈尔滨工业大学、华南理工大学、清华大学、同济大学、河北工业大学、河北科技大学、石家庄铁道大学、河北工程大学、河北建筑工程学院、中国建筑科学研究院等高校和科研院所建立了密切的合作关系，在研究生培养、科技创新、学生就业等方面开展了深入合作，取得了一系列创新成果。集团承担省部级科研项目 40 余项，其中多项成果达到国内乃至国际领先水平，填补了地方空白；获批专利 18 件，软件著作权 16 项；主编国家、行业和地方标准 40 余项，有力地推动和促进了建筑行业新技术、新成果的发展；获河北省人民政府科技进步奖 5 项，河北省建设行业科技进步奖 24 项。

公司脚踏实地，一步步发展壮大，成绩斐然。近年来，累计完成工程项目超 3 万项，在医养建筑、超高超限复杂建筑、文教建筑、商业建筑、居住建筑等领域积累了丰富的经验，荣获河北省优秀工程勘察设计奖 79 项，石家庄市优秀工程勘察设计奖 53 项，河北省优秀工程咨询成果奖 13 项，河北省优秀测绘、规划、加固奖 14 项。

大鹏之动，非一羽之轻也；骐骥之速，非一足之力也。目前，中土国际科技集团有限公司正在不断致力于打造河北省内领先的建设行业企业，经过 20 多年辛勤耕耘和不断积累沉淀，现在拥有 8 个直属设计院、3 个直属岩土部门、2 个土木工程部门、1 个轨道评估小组、1 个研发部门、2 个检测公司、1 个施工公司、1 个施工图审查公司，并陆续在全国范围内开设了 30 余家分公司，不断寻求进一步发展，提升技术实力，逐步扩大在全国的影响范围。集团已经发展成为集科研、勘察、设计、咨询、规划、施工、加固、检测、施工图审查于一体的具备综合科技实力的优秀建筑类高新技术企业，并在工程咨询、勘察、设计、特种技术、检测等方面建立了差异化的竞争优势，取得了显著的成绩。

（二）起草修订技术规程，填补多项国内行业空白

“一流企业做标准、二流企业做品牌、三流企业做产品”，制定相关行业标准的重要性不言而喻。周保良深知，制定国家行业标准，成为行业必须遵守的金标准，这就是名副其实的行业法则，能够有效指导应用和规范市场，促进行业健康发展，也有利于让公司成为细分行业的领导者。

长螺旋钻孔泵压混凝土桩是使用长螺旋钻机成孔，成孔后自空心钻杆向孔内泵压混凝土，边压入混凝土边提钻而形成的桩。桩与桩间土共同承担荷载形成的人工地基称为长螺旋钻孔泵压混凝土桩复合地基。该工艺是 20 世纪 90 年代中期兴起的一种地基处理技术，由于施工噪声低、设备行走灵活、成桩速度快、对地层适应性强而被广泛应用，能避免软土、砂土地区桩体缩径、断桩的施工质量问题，解决了泥浆污染问题、降低了造价，并可成功用于地下水位以下地层的成桩。

长螺旋钻孔泵压混凝土桩复合地基技术规程

2011 年，为了积极稳妥地推广应用该项技术，并使之更加规范，周保良牵头组织并会同有关设计、勘察、施工单位，对 2001 年河北省建设厅编制的《长螺旋钻孔泵压混凝土桩复合地基技术规程》进行修订。修订后的规程注重与现行国家规范的一致性，对章节安排进行了调整，在内容上作了较大增补和修改。在基本规定中，对复合地基设计进行了等级划分，对复合地基设计应必

备的资料提出了具体要求，对岩土工程勘察提出了要求，对桩的耐久性设计进行了规定；在设计计算方面，引入了安全系数的概念，对复合地基承载力修正系数规定了具体值，增加了混凝土抗压强度平均值验算桩身强度的公式；在施工方面，对成孔的要求进行了细化，增加了对施工安全的要求。其对长螺旋钻孔泵压混凝土桩复合地基，从设计到验收的各个环节做了全面的规定。

看似寻常最奇崛，成如容易却艰辛。周保良带领《长螺旋钻孔泵压混凝土桩复合地基技术规程》修订团队，凝心聚力、夙夜在公，积极开展了专题调研，总结了长螺旋钻孔泵压混凝土桩复合地基技术的工程实践经验，与相关的国家和行业标准规范进行了协调，并在广泛征求意见、反复修改的基础上，最后经审查定稿。

本规程在诸多方面填补了国内行业空白：

①提出了复合地基设计等级的划分原则，该规定填补了国内空白；

②规定了天然土层压缩模量的取值压力段，这在同类技术标准是唯一的；

③规定了对单桩承载力进行检测的要求，这在复合地基设计方面，在国内属首次；

④对复合地基设计等级为甲级的建筑物，要求对复合地基承载力进行折减，提高了安全度；

⑤考虑群桩效应、负摩阻等情况，提出单桩承载力发挥系数。

长螺旋钻孔泵压混凝土桩复合地基，正是在建筑物天然地基和桩基础之间找到了一个合适的切入点，既保证了建筑物的安全，又节省了工程造价。目前，该工艺以其经济合理、环保有利、质量可靠的优势，广泛应用于工业与民用建筑、市政、电力、公路、铁路等工程。据保守估计80%以上的15～33层高层建筑和部分工业建筑采用了长螺旋钻孔泵压混凝土桩复合地基，取得了良好的社会效益和经济效益。该规程获得了2013年河北省优秀工程勘察设计奖一等奖。

道虽迩，不行不至；事虽小，不为不成。周保良始终面向实际、深入实践，坚持严谨务实，经过苦干实干，最终一分耕耘获得一分收获，在新时代干出了一番事业。他根据河北建筑行业快速发展的需要，以及适应科技兴企的发展潮流，本着符合产业发展和市场需求，坚持标准制定的先进性、科学性、合理性和可操作的原则，坚持标准的统一性、协调性、适用性、一致性和规范性，与试验验证和应用推广相结合，作为主要起草人，统筹推进了《长螺旋钻孔泵压混凝土桩复合地基技术规程》《基桩自平衡静载试验法检测技术规程》《能量回弹法（Q值）检测混凝土强度技术规程》等8项标准规范的制定工作，为河北建筑行业的健康发展奠定了坚实基础。

（三）打破常规，省会第一高楼采用天然地基

1996年，周保良作为技术负责人组织勘察了石家庄第二长途电信枢纽楼工程。该工程位于高新技术开发区，为当时省会第一高楼，此楼地下3层，地上43层，总高度213米，建筑面积60300平方米。通过多种勘察、测试及试验手段，经过现场认真钻探施工，周保良对大量数据进行了认真分析、统计，提供了准确可靠的岩土参数，突破性地提出了采用天然地基方案，并被设计单位采纳，为建设单位节约了大量的工期和费用成本。

该工程竣工近30年来，运营情况良好。该大楼是连接华北、西北、中南、西南重要的电信枢纽，它和新建电视塔相互辉映，耸入云天，已成为石家庄市标志性建筑，为城市建设增加了美丽的人文景观，满足了人民物质文化生活的需要。该项目获得1999年河北省优秀工程勘察设计一等奖。

（四）大型水平推剪试验，罕见地应用在巨型颗粒地层中

邯邢矿山局北洺河铁矿河道治理工程位于河北省武安市西北约8千米处，上团城村的北部。场地南侧有邯长（邯郸至长治）公路通过，矿区道路与其相通。工程包括南北堤及北岸防渗截潜墙，其中左堤（北岸）治道线长2769米，右堤（南岸）治道线长1523米。地层岩性以卵石为主，硬度高、粒径大，为了准确提

供地层的物理力学性质，周保良指导采用多种试验对比方法进行勘察，并且进行了水平推剪试验、天然休止角测定、钻孔压水、试坑注水试验等原位测试。其中，水平推剪试验和钻孔压水及试坑注水试验解决了工程的两个关键问题。

大型水平推剪试验，在巨型颗粒地层中的应用是十分罕见的，该项测试手段在本工程中的应用，为准确获得土层的抗剪强度指标 (c,ϕ)，提供了技术保障。抗剪强度指标 (c,ϕ) 是地基稳定性计算和边坡稳定性计算的重要参数。本次勘察推剪试验的结果：$c=2.48\text{kPa},\phi=39.32°$，这比以往采用经验值设计减少土方量约 7200 万立方米，为工程节省了大量资金，所产生的经济效益非常显著。

钻孔压水试验及试坑注水试验，这个工作主要是用以确定地层的渗透系数。不仅为基坑降水设计提供了参数，更重要的是为防渗方案的选择提供了依据。通过压水试验，我们了解了各层土的透水性能，掌握了弱透水层的空间分布，从而提出了防渗方案的合理建议，并推荐了防渗墙基础的埋置深度。

该项目获得 2009 年河北省优秀工程勘察设计奖一等奖。

（五）裕园广场：创新采用素混凝土桩复合地基

本工程建筑物高度达 125 米，为超高层建筑。勘察等级为甲级，勘探孔主要采用 DPP-100 型汽车钻机，静力触探孔采用车载双桥静力触探仪。原位测试手段采用了标准贯入试验、载荷试验、波速测试、常时微动测试。室内土工试验包括高压试验、回弹试验、湿陷试验、直接剪切试验、三轴剪切试验、砂土天然坡角试验、筛分试验。

周保良针对本工程的重要性，采用了多种勘察、测试及试验手段，提供了准确可靠的岩土参数；同时结合自己在地基处理设计施工方面的经验，突破性地提出了采用素混凝土桩复合地基。该方案较之桩基础大大节省了工期及工程成本，同时施工对周边环境的影响也降到最低。

该项目获得 2010 年河北省优秀工程勘察设计奖一等奖。

裕园广场

（六）采用土钉锚喷基坑支护和素混凝土桩复合地基，克服水浅土软难题

沧州市许官屯城中村改造工程包括住宅楼 27 栋，其中 7 栋 26 层，3 栋 22 层，9 栋 18 层，1 栋 14 层，1 栋 13 层，附属建筑物为 2 层商业及地下车库，建筑规模约 800000 平方米。布置 203 个勘探点，孔深 20 ~ 75 米，总进尺 9665 米。勘探孔主要采用 DPP-100 型汽车钻机、GY-150 型台式钻机和静力触探车，原位测试手段采用了双桥静力触探、孔内激发并接收的单孔法波速测试及孔内标准贯入试验等手段，室内土工试验包括最大压力为 1400 千帕的固结试验、直接剪切试验、三轴剪切试验、黏粒分析试验、筛分试验、水质分析试验等。

周保良通过多种勘察、测试及试验手段，经过精心分析、认真评价，提供了准确可靠的岩土参数；在对场地液化判别的评价上，通过标准贯入试验法及静力触探法两种方法，对场地液化问题进行了认真分析和综合判定，克服了单一采用标准贯入试验法的局限性。根据当地水浅土软的特点，针对不同的建筑物，周保良提出了技术可行、经济合理的地基基础方案及基坑降水建议，并对复合地基及桩基方案进行了分析验算。尤其是提出的土钉锚喷基坑支护方案和素混凝土桩复合地基方案，较传统方案的使用取得了很好的经济效益，为建设投资单位节约了工程设计成本和施工费用约90万元，并大大缩短了建设工期，受到建设及设计单位的一致好评。

该项目获得2014年河北省优秀工程勘察设计奖一等奖。

沧州市许官屯城中村改造工程

（七）中银广场：依据准确可靠参数，提供个性设计方案

该工程包括A座、B座两栋建筑物。A座：主楼地上31层，地下3层，主体结构标高129.90米；裙房地上5层，地下3层，基础埋深16.00米，结构采用钢筋混凝土框架核心筒体系。B座：地上26层，地下3层，主体结构标高97.2米，基础埋深16.00米，结构采用钢筋混凝土框架剪力墙。

周保良通过多种勘察、测试及试验手段，经过现场认真钻探施工，取得了准确的第一手资料，对大量的原位测试数据及土工试验数据进行了分析、统计，提供了准确可靠的岩土参数。通过分析验算，针对A座、B座两栋楼的不同特点，勘察报告分别提出了桩基础和复合地基的方案建议，并按不同桩径及桩端持力层进行了单桩承载力试算，提出了合适的桩径及桩长建议。勘察报告还对桩基础及复合地基进行了沉降计算，为设计方案的确定提供了依据。针对本项目基坑工程开挖较深，在充分分析现场周围环境后，勘察团队提出了合理的基坑支护建议及设计参数。

该项目获得2015年河北省优秀工程勘察设计奖一等奖。

中银广场

（八）南高营住宅小区：大胆提出采用复合地基

该工程为 50 幢多层住宅楼，10 幢高层住宅楼，以及辅助配套幼儿园教学校、办公楼、社会区综合服务中心、商业建筑物和地下车库等，建筑总面积为 433650 平方米。

周保良本着"科学第一、质量第一"的方针，积极组织公司中坚力量对本工程展开全方位的勘察作业，采用了钻探、井探、静力触探等手段，标准贯入试验、波速测试等原位测试方法与浅层平板载荷试验相结合，根据不同测试手段提供天然地基承载力特征值，并确定推荐值，让设计使用的关键参数更合理、更精确。

2000 年以前，石家庄市高层建筑多采用桩基础，周保良大胆提出采用复合地基方案，并对楼体沉降做出预估，为本工程缩短了工期，节约了资金，受到建设及设计单位的一致好评。

该项目获得 2013 年河北省优秀工程勘察设计奖三等奖。

南高营住宅小区

（九）专业权威与使命担当，为我省十大超高层建筑做出重大贡献

天行健，君子以自强不息。周保良作为技术负责人、专业审查人、技术顾问、超限审查专家及专项审查专家，在勘察设计方案、地基方案、边坡支护方案的制定和方案的优化以及安全、工期、经济成本等方面，为河北省具有影响力的前十大超高层建筑做出了重大贡献。

1. 保定万博广场

高度：258 米　所在城市：保定

保定万博广场，位于保定市朝阳大街与东风路交叉口东北角，为保定市政治、经济、文化、商业、金融中心的核心位置，是河北省和保定市的重点工程。主楼总高 258 米，成为保定市地标性建筑。

2. 开元环球中心

保定万博广场

高度：245 米　所在城市：石家庄

开元环球中心位于于河北省省会石家庄城市核心位置，是石家庄市最核心的商务舞台和商圈领地。开元环球中心是目前河北省第二高楼，是石家庄重要的地标性建筑。

开元环球中心

3. 第二长途电信枢纽楼

高度：213 米　所在城市：石家庄

石家庄第二长途电信枢纽楼，位于高新技术开发区，此楼共 43 层。第二长途电信枢纽楼是首都连接华北、西北、中南、西南重要的电信枢纽。

第二长途电信枢纽楼

4. 勒泰中心 2 号楼

高度：211.6 米　所在城市：石家庄

勒泰中心位于河北省省会石家庄市核心商业圈，毗邻中山东路、平安大街、建设大街等多条城市干道，交通条件优越。此楼 46 层，高 211.6 米，是豪华智能写字楼。

5. 廊坊苏宁广场

高度：200 米　所在城市：廊坊

廊坊苏宁广场位于廊坊市金光道以南，建国道以北，文明路以东，新华路以西。本项目的性质为集商业、娱乐、公寓及住宅为一体的大型城市综合体项目。

6. 石家庄苏宁生活广场

高度：198 米　所在城市：石家庄

石家庄苏宁生活广场位于老火车站核心区域，立足城市原点，对望城市客厅——百年广场，是带动石家庄市老火车站区域升级的旗舰之作。项目集购物、餐饮、休闲、娱乐、家电体验中心、5A 级办公等功能于一体，满足一站式商务办公平台，塑造城市地标，亦可尽揽城市景致风光。

7. 保定茂业中心

高度：198 米　所在城市：保定

保定茂业中心位于河北省保定市朝阳大街与东风路交叉口的东南侧。总用地面积为 11344 平方米，总建筑面积约 14.4 万平方米，主要功能是商业及办公，楼高 45 层，建筑总高度为 198 米。

保定茂业中心

8. 恒润时代广场

高度：186 米　所在城市：石家庄

恒润时代广场集结“时代”主题、鲜明的时代特征、丰富的时代人物及元素，由区域功能扩大为城市功能，资源共生、聚合增值，实现城市轴心新地标的价值。

9. 勒泰中心 3 号楼

高度：176 米　所在城市：石家庄

勒泰中心位于河北省省会石家庄市核心商业圈，是集国际五星级酒店、国际商业旗舰店集群、国际高端餐饮、休闲娱乐，以及世界级写字楼、酒店式公寓为一体的城市商业新中心。

10. 华强广场

高度：170 米　所在城市：石家庄

华强广场位于石家庄市民族路商业街西段北侧，处于市区三大商圈（广安大街商圈、北国商圈和东购商圈）之一的东购商圈，商圈汇聚了批发、电子、百货等各类业态，产品档次多样，人流巨大，为目前石家庄人流最为集中的核心区域。

二、科技成果与荣誉

（一）获科技进步奖情况

①1998 年 6 月，宁晋县北苏地面塌陷研究，河北省建设委员会，河北省科技进步二等奖；

②2001 年 7 月，2000 年小康住宅软土地基成套技术研究，河北省建设厅，河北省科技进步一等奖；

③2005 年 10 月，轻钢骨混凝土剪力墙结构性能的研究，河北省人民政府，河北省科技进步三等奖；

④2006 年 5 月，夯实水泥土桩复合地基的试验研究及其数值模拟，河北省建设厅，河北省科技进步一等奖；

⑤2008 年 7 月，高含碳量低等级粉煤灰水泥配制建筑砂浆的试验研究，河北省建设厅，河北省科技进步三等奖；

⑥2008 年 7 月，高含碳量低等级粉煤灰水泥的物理性能试验研究，河北省建设厅，河北省科技进步三等奖；

⑦2009 年 6 月，民用建筑节能型围护结构检测技术研究，河北省建设厅，河北省科技进步一等奖；

⑧2012 年 5 月，建筑节能用相变储能混凝土的研制，河北省住房和城乡建设厅，河北省科技进步一等奖；

⑨2013 年 4 月，新型环保节能建筑保温材料 – 粉煤灰泡沫玻璃的试验研究，河北省住房和城乡建设厅，河北省科技进步一等奖；

⑩2013 年 4 月，新型建筑节能用透明隔热涂料的试验研究，河北省住房和城乡建设厅，河北省科技进步一等奖；

⑪2016 年 7 月，红外热像技术在建筑节能检测中的应用研究，河北省土木建筑学会，河北省科技进步二等奖，排名第二；

⑫2016 年 7 月，新型墙体材料能耗统计调查分析，河北省土木建筑学会，河北省科技进步二等奖，排名第二；

⑬2017 年 6 月，夯实水泥粉煤灰土桩复合地基应用试验研究，河北省土木建筑学会，河北省科技进步一等奖，排名第一。

三、其他获奖情况

①1998 年 3 月，宁晋县北苏地面塌陷研究，河北省建设委员会，河北省科技成果奖；

②2001 年 5 月，2000 年小康住宅软土成套技术的研究，河北省科学技术厅，河北省科技成果奖，排名第二；

③2006 年 4 月，夯实水泥土桩复合地基的试验研究及其数值模拟，河北省科学技术厅，河北省科技成果奖，排名第七；

④2007 年 1 月，高含碳量低等级粉煤灰水泥配制建筑砂浆的试验研究，河北省科学技术厅，河北省科技成果奖，排名第一；

⑤2007 年 1 月，高含碳量低等级粉煤灰水泥物理性能的试验研究，河北省科学技术厅，河北省科技成果奖，排名第一；

⑥2011 年 3 月，建筑节能用相变储能混凝土的研制，河北省住房和城乡建设厅，河北省科技成果奖，排名第一；

⑦1995 年 1 月，石家庄正定机场飞行区工程地质详细勘察，河北省建设委员会，河北省优秀工程勘察设计三等奖；

⑧1999 年 1 月，石家庄第二长途电信枢纽楼岩土工程勘察，河北省建设委员会，河北省优秀工程勘察设计一等奖；

⑨2002 年 2 月，永年新区建设公司综合服务楼地基加固，河北省建设工程勘察设计奖评审委员会，省级

二等奖；

⑩2002年2月，南宫市财政局住宅楼，河北省建设工程勘察设计奖评审委员会，省级三等奖；

⑪2002年2月，邮电高等专科学校实验大楼，河北省建设工程勘察设计奖评审委员会，省级二等奖；

⑫2005年2月，河北省烟草公司高层住宅楼，河北省建设工程勘察设计奖评审委员会，省级二等奖；

⑬2009年2月，邯邢矿山局北洺河铁矿河道治理工程，河北省优秀工程勘察设计奖评审委员会，省级一等奖，排名第一；

⑭2010年2月，华城绿洲2#、3#楼，河北省优秀工程勘察设计奖评审委员会，省级二等奖，排名第一；

⑮2010年3月，裕园广场，河北省优秀工程勘察设计奖评审委员会，省级一等奖，排名第一；

⑯2012年3月，都市金典（冠城）岩土工程，河北省优秀工程勘察设计奖评审委员会，省级二等奖，排名第一；

⑰2013年1月，家年华小区一期工程工程勘察，河北省优秀工程勘察设计奖评审委员会，省级三等奖，排名第一；

⑱2013年1月，南高营住宅小区（都市新城三期F1–F10号楼），河北省优秀工程勘察设计奖评审委员会，省级三等奖，排名第一；

⑲2013年1月，长螺旋钻孔泵压混凝土桩复合地基技术规程，河北省优秀工程勘察设计奖评审委员会，省级一等奖，排名第一；

⑳2013年1月，石家庄大经街改造工程（二期）天滋嘉园南区5#楼，河北省优秀工程勘察设计奖评审委员会，省级三等奖，排名第一；

㉑2014年3月，沧州宏宇城A区工程勘察，河北省优秀工程勘察设计奖评审委员会，省级二等奖，排名第一；

㉒2014年3月，沧州市许官屯城中村改造工程勘察，河北省优秀工程勘察设计奖评审委员会，省级一等奖，排名第一；

㉓2014年3月，盛和广场工程勘察，河北省优秀工程勘察设计奖评审委员会，省级三等奖，排名第一；

㉔2014年3月，天成皇家壹里A区工程勘察，河北省优秀工程勘察设计奖评审委员会，省级三等奖，排名第一；

㉕2015年7月，南翟营城中村改造工程1#、3#、5#地块，河北省优秀工程勘察设计奖评审委员会，省级三等奖，排名第一；

㉖2015年7月，石家庄高新区32#地块居住小区一期工程，河北省优秀工程勘察设计奖评审委员会，省级二等奖，排名第一；

㉗2015年7月，天成皇家壹里B区，河北省优秀工程勘察设计奖评审委员会，省级二等奖，排名第一；

㉘2015年7月，中银广场，河北省优秀工程勘察设计奖评审委员会，省级一等奖，排名第一；

㉙2015年7月，众鑫大厦，河北省优秀工程勘察设计奖评审委员会，省级三等奖，排名第一；

㉚2001年12月，南宫市财政局住宅楼，石家庄市建设委员会，石家庄市优秀设计一等奖；

㉛2001年12月，永年新区公司综合服务楼，石家庄市建设委员会，石家庄市优秀设计一等奖；

㉜2001年12月，石家庄邮电高等专科学校实验大楼，石家庄市建设委员会，石家庄市优秀设计一等奖；

㉝2002年11月，河北省民主党派办公楼地基加固，石家庄市建设委员会，石家庄市优秀勘察二等奖；

㉞2002年11月，石家庄市财经学校新建校园岩土工程勘察，石家庄市建设委员会，石家庄市优秀勘察三等奖；

㉟2018年7月，和华家园保障性住房住宅小区，河北省工程勘察设计咨询协会，河北省优秀工程勘察设计行业奖一等奖。

（三）主要科技论文

①《勘察工作中常见问题分析》，《河北建设科技与勘察设计》，2003年第1期，第一作者；

②《砂卵石层的水平推剪试验》，《西部探矿工程》，2003年第15卷第6期，独著；

③《长螺旋成孔泵压混凝土桩施工中应注意的几个问题》,《华北地震科学》,2006年第24卷增刊,独著;

④《碎石注浆桩复合地基的设计与应用》,《华北地震科学》,2006年第24卷增刊,独著;

⑤《关于刚性桩复合地基设计不同规范之间的差异及影响分析》,《工程勘察》,2015年增刊第1期,第一作者;

⑥《石家庄某高层建筑沉降过大的原因分析》,《工程勘察》,2015年增刊第1期,第一作者;

⑦《夯实水泥粉煤灰土强度特性试验研究》,《粉煤灰综合利用》,2015年第6期(双月刊),第一作者;

⑧《夯实水泥土桩复合地基检测中单桩承载力检测的探讨》,《华北地震科学》,2016年7月,第34卷增刊,第一作者;

⑨《夯实水泥粉煤灰土固化机理及微观结构分析》,《粉煤灰综合利用》,2016年第4期(双月刊),第一作者;

⑩2000年4月,《反射波法在夯扩灌注中的检测应用》,河北省土木建筑学会,河北省土木建筑学会地基基础学术委员会,优秀科技论文一等奖;

⑪2000年4月,《某石膏粉料仓纠偏的处理方法探讨》,河北省土木建筑学会,河北省土木建筑学会地基基础学术委员会,优秀科技论文一等奖;

⑫2000年4月,《压力注浆及双灰桩综合加固危房地基》,河北省土木建筑学会,河北省土木建筑学会地基基础学术委员会,优秀科技论文二等奖;

⑬2000年9月,《岩土工程勘察质量若干问题探讨》,河北省建设厅,河北省建设系统优秀科技论文一等奖;

⑭2001年9月,《反射波法在夯扩灌注桩中的检测应用》,河北省建设厅,河北省建设系统优秀科技论文二等奖;

⑮2001年9月,《夯扩灌注桩静载试验承载力取值探讨》,河北省建设厅,河北省建设系统优秀科技论文一等奖;

⑯2001年9月,《某办公楼加层地基综合加固设计》,河北省建设厅,河北省建设系统优秀科技论文二等奖;

⑰2001年9月,《施工验槽及地基局部处理》,河北省建设厅,河北省建设系统优秀科技论文二等奖。

(四)主要论著

①《建筑工程勘察设计常见质量问题分析与解决措施》,合著,2003年;

②《房屋建筑与市政工程勘察设计及审查常见问题分析与对策》,合著,2018年;

③《河北省房屋建筑和市政基础设施工程施工图设计文件审查要点》,合著。

(五)标准规范

①《居住建筑节能检测技术标准》,河北省工程建设标准,主要起草人,2010年;

②《长螺旋钻孔泵压混凝土桩复合地基技术规程》,河北省工程建设标准,主要起草人,2011年;

③《基桩自平衡静载试验法检测技术规程》,河北省工程建设标准,主要起草人,2012年;

④《能量回弹法(Q值)检测混凝土强度技术规程》,河北省工程建设标准,主要起草人,2015年;

⑤《村镇易地搬迁安置房屋质量标准》,河北省工程建设标准,主要起草人,2019年;

⑥《预应力混凝土管桩复合地基技术规程》,河北省工程建设标准,主要起草人,在编;

⑦《地下工程冻结法支护技术规程》,河北省工程建设标准,主要起草人,在编;

⑧《膨胀土地区建筑基坑支护技术标准》,河北省工程建设标准,主要起草人,在编。

三、成果展示

(一)沧州保利花园

该工程位于沧州市迎宾大道与向海路交叉口东南角,交通便利,主要包括12栋16~30层高层建筑、沿街1~2层附属商业楼及楼间2层地下车库等。项目共完成勘探点137个,其中取土试样孔51个,标准贯入试验孔39个,鉴别孔18个,静力触探试验孔29个。

本工程通过详细的勘察作业，提供了准确的岩土参数，针对不同高度建筑物，分别提出了复合地基和预制管桩基础的方案建议，被建设单位采用，通过现场验槽，揭露地层准确无误，地基处理符合要求，得到了设计建设单位及设计单位的好评。报告根据场地四周环境，分地段提出了与基坑支护方案相结合的降水及截水方案。

沧州保利花园

（二）领航城（原项目名：昌悦320项目）

该工程位于廊坊市万庄镇，爱卫路与南京路交叉口东南，为大型居住社区，包括18栋10～27层高层住宅、11栋6～7层住宅、2栋4层住宅、若干配套2～3层商业及地下车库等。项目共布置勘探点151个，其中取土标贯孔59个，静力触探试验孔56个，鉴别孔19个，标准贯入试验孔17个，孔深15.0～55.0米。勘探总进尺4311.0米。

该工程体量大，场地内旧基坑较多，且有已施工复合地基基桩。针对其工程特点及特殊性，通过多种勘察、测试及试验手段，经过精心分析、认真评价，勘察团队提供了可靠的岩土设计参数，针对不同的建筑物，提出了技术可行，经济合理的地基基础方案，并对复合地基及桩基方案进行了分析验算；尤其是在旧有基桩处理的上，提出了经济合理的处理方案，并大大缩短了建设工期。

领航城

（三）假日丽城B区

该工程位于保定市乐凯北大街与规划沈庄路交口西南角，原宝硕氯碱厂区内，东临鲁岗辛新村，交通便利。主要包括7栋32～33层高层建筑、1栋9层建筑、菜市场、社区中心及楼间1层地下车库等。项目共完成勘探点126个，其中取土标贯孔48个，标准贯入试验孔41个，鉴别孔37个。

本报告除对各项常规岩土参数进行分析评价外，还对场地污染土进行了详细的调查和分析评价，查明了污染源及污染土的分布范围，对污染土的腐蚀性进行了分析评价，并对污染对工程的影响及发展趋势进行了分析，提出了合理的防护建议。

（四）石油新城一期

该工程位于任丘市，106国道与北站路交叉口西北角，为大型社区，包括20栋11～18层高层住宅，13栋5～17层住宅，2栋3层住宅，若干配套2～3层商

假日丽城 B 区

石油新城一期

业及地下车库等。项目共完成勘探点 303 个，其中取土标贯孔 126 个，静力触探试验孔 138 个，鉴别孔 2 个，标准贯入试验孔 37 个，孔深 15.0 ~ 45.0 米，勘探总进尺 8184.0 米。

该项目体量较大，且处于软土地区，地下水位较浅，场地内有一处沟浜。针对该项目特点，我公司通过标准贯入试验结合静力触探法，对场地液化问题进行了分析研究，克服了单一采用标准贯入试验法的局限性。根据当地水浅土软的特点，针对不同的建筑物，提出了技术可行、经济合理的地基基础方案及基坑降水建议，取得了很好的经济效益。

（五）翰林国际

该工程位于石家庄市红旗大街与汇平路交叉口西南角，交通较为便利，包括 4 栋住宅楼、1 栋综合楼、3 栋办公楼及商业、地下车库等。项目共布置勘探点 98 个，其中取土标贯孔 39 个，静力触探试验孔 18 个，鉴别孔 37 个，取土试样探井 4 个。

本工程根据场地地层情况按不同建筑物提出了长螺旋钻孔泵压素混凝土桩复合地基和旋挖工艺钻孔灌注桩的建议，并对地层中卵石对施工的影响及施工对环境的影响提出了建议。

翰林国际

（六）世界之门 15# 地（原项目名：中央商务区 15# 地）

该工程位于石家庄市长江大道北侧，天山大街以东，

世界之门 15# 地

祁连街以西。由 A、B 两栋办公楼以及商业裙房组成，其中 A 座 55 层（楼高 249.0 米，局部 253.0 米）、B 座 23 层（楼高 100.0 米，局部 104.0 米），商业裙房 4 层（楼高 21.0 米，局部 31.0 米）。办公楼结构形式为框架－核心筒结构体系，钢混结构，基础形式为桩筏基础；商业裙房为框架结构，基础形式为独立基础。该工程基坑边界紧临地铁工程，且周边主路人流、车流较大，基坑较深 21 米左右，周围环境较复杂。项目共布置勘探点 104 个，其中取土标贯孔 38 个，标准贯入试验孔 22 个，鉴别孔 42 个，探井 2 个，最大孔深达到 100 米。

针对项目不同单体荷载的差异，工作人员提出了不同的地基处理方案，并对超高层建筑进行了不同桩型的比选，为设计提供了更经济合理的参数依据。项目周边环境复杂，团队在基坑开发及支护方面提出了详尽的建议和注意事项，多角度、多方位地保障工程顺利施工。

蔡文章

河北邯郸曲周县人，1971 年 9 月出生，中共党员，一级注册结构工程师、正高级工程师、河北省工程勘察设计大师。1989 年毕业于曲周县第一中学；1993 年毕业于河北建筑工程学院，获工学学士学位；毕业后分配到邯郸市建筑设计研究院工作，曾任该院设计所副所长、总工程师、副总经理兼总工程师、总经理兼总工程师等职，现任邯郸市亚太建筑设计研究有限公司董事长兼总工程师。

社会任职

现任全国砌体结构专业委员会委员，河北省土木建筑学会结构工程学术委员会副会长，河北省土木建筑学会工程抗震学术委员会副主任委员，河北省土木建筑学会工程诊治与质量控制学术委员会副主任委员，河北省超限高层建筑工程抗震设防审查专家委员会委员，河北省工程勘察设计咨询协会钢结构设计与产业化分会理事，河北工程大学建筑与土木专业（领域）硕士研究生指导教师，贵州磷化（集团）有限责任公司新型石膏建材应用技术专家委员会委员，河北省工程勘察设计咨询协会常务理事，邯郸市工程勘察设计咨询业协会会长。

个人荣誉与学术成果

全国砌体结构领域特殊贡献专家，全国砌体结构专业委员会“新材装配式建筑技术研发团队”专家，河北省危险性较大建设工程安全专项施工方案论证审查专家，河北省诚信企业建设优秀工作者，邯郸市质量管理专家，邯郸市工程勘察设计行业优秀设计师，2019 年被评为河北省工程勘察设计大师。

获省部级优秀工程勘察设计奖 11 项；主、参编了 20 多本河北省工程建设标准和中国工程建设标准化协会标准；完成了《低层装配式混凝土墙板结构体系》等 3 项科技成果，其中 1 项获河北省建设行业科技进步一等奖；发表了《汶川地震都江堰地区建筑震害情况分析》等 7 篇学术论文；取得了“一种装配式板构式建筑”等 4 项专利。

单位评价

自参加工作以来，蔡文章同志一直从事建筑结构设计和审图工作，是一名理论基础扎实、技术实力雄厚、工程经验丰富的综合型人才。在近 30 年的设计工作中，始终以饱满的热情对待结构设计工作，做到了严谨、认真、精益求精。蔡文章同志特别注重技术创新和设计研究，尤其在超限高层建筑结构设计、钢结构设计、加固改造和消能减震技术应用、装配式建筑和固废再利用等领域有深入研究，并取得了突出成绩。在实际设计工作中，善于将理论与实践相结合，能够做到学以致用、融会贯通。蔡文章同志对工程项目高度负责，既是单位的技术带头人，又是工程项目的实践者。他具有良好的职业道德和社会形象，在国家和河北省的多个学术团体中任职，在技术创新和新技术推广方面取得了丰硕成果，为河北省建设行业做出了应有的贡献。

苦寒淬志勇求索

一、成长经历

1971年，我出生在冀南平原县曲周的一个小村庄。父亲是一名工人，在邯郸市一家工厂工作。母亲在家务农，操持家务。我懵懂的童年是在村里度过的，这里民风淳朴，风光秀美，田园气息浓厚。

我在村里的小学接受启蒙教育，毕业后，到邻村的乡中读初中，每天往返步行几千米的路程。当时，乡中的基础设施十分简陋，学习条件也很艰苦，但老师们都爱岗敬业，精益求精，循循善诱。老师们的敬业精神和对知识的传授热情，深深影响了我。从此，我爱上了学习，对知识孜孜以求。由于在兄弟姐妹四人中，我排行老大，读初中时，放学回家还需帮着母亲做些力所能及的家务，割草、放羊、做饭、干农活是家常便饭。现在回想起来，那时候虽然生活有些清苦，但我快乐地成长着。

当时，乡中的升学率很低，能考上中专或高中的学生寥寥无几。1986年中考，我很幸运地考上曲周县第一中学。从读高中开始，我过上了住校生活，吃的是干粮、咸菜、玉米面粥，睡的是几十个人的木板大通铺。高中三年，老师们认真负责，同学们团结友好、刻苦努力，师生之间、同学之间都建立了深厚的友谊。应该说，三年高中生活，让我学到了较为全面的基础知识，为人生的腾飞打下了坚实的功底。

时光荏苒，岁月不居。1989年高考，我如愿以偿考上了河北建筑工程学院，成为一名天之骄子，也成为我们村里第一个大学本科生。从此，我追逐梦想，开始在学海遨游。河北建筑工程学院创建于1950年，坐落于塞外名城张家口。在校期间，耳濡目染“艰苦朴实，勤奋进取”的校风和“求实进取”的校训，让我养成了“刻苦、认真、严谨、求实”的良好习惯。大学期间，我和睡在我下铺的兄弟刘占海，一直是俩人只买一份菜，划粥割齑，省吃俭用，省下点儿钱就为多买几本书看。我努力学习、求真务实、追求进步，学习成绩在年级一直名列前茅，基本上每个学期都能获得一等奖学金。由于成绩优异、品德优良，大学期间就被校党组织吸纳为中共党员。

1993年7月，大学毕业后，我被分配到邯郸市建筑设计研究院工作。近30年来，我曾任设计所副所长、总工程师、副总经理兼总工程师、总经理兼总工程师等职，现任董事长兼总工程师。通过自己的不懈努力，成功考取了国家一级注册结构工程师，在此基础上，被评定为正高级工程师。

回首我工作的历程，有几段小插曲，至今历历在目。

（一）外出打工，开阔眼界

1995—1996年，内地建筑市场不景气、单位任务不足、收入低。为了生计，也为了事业的发展，领导派我到广东省阳江市海陵岛打工，在一家建筑设计室搞结构设计。离开内陆城市，到改革开放的前沿城市打工，让我开阔了眼界，学到了超前的技术和知识。打工期间，我比较早地接触到了计算机，回来后，成为单位第一批掌握计算机绘图和用软件对结构进行整体分析计算的设计者。后来，我陆陆续续教会了同事们用计算机绘图，提高了工作效率。

（二）成绩优异，两次破格晋升

外地打工回到单位后，我脚踏实地，虚心学习，刻苦钻研，努力提高自己的业务水平，不舍昼夜，常常工作到深夜。同时，我谦虚认真地向同事学习、向省内外同行请教并交流；单位有活抢着干，从不避让难题，有一股打破砂锅问到底的韧劲。为此，我为邯郸市打造了一系列精品建筑工程。随着实践的丰富，我的理论水准也在提高，在国家核心期刊发表了多篇专业技术文章。功夫不负有心人，我的成绩与水准也得到了社会同行的广泛认可，工程师和高级工程师职称均为提前破格晋升。

（三）伯乐赏识，领导栽培

我在外地打工的日子里，单位领导时刻关心着我的工作与生活，同事们也渴望着我早日学成归来。期间，单位领导多次打电话邀请我回来，并委以重任。经过短暂历练后，我还是回到了设计院，把自己学到的新技术、新知识毫不保留地传授给同事。单位的锻炼和培养、领导的赏识和关怀、师父的教导(武士信、曾宜美、刘文军)、同事的帮助、自己的努力，使我不断成长进步，从一名普通的技术员逐步成长为集高级技术和综合型管理的“双料”人才。

二、主要业绩

参加工作29年来，我一直从事建筑结构设计和审图工作，工程经验丰富，能够运用巧妙的结构技术解决复杂的结构问题，尤其在超限高层建筑结构设计、钢结构设计、加固改造和消能减震技术应用、装配式建筑和固废再利用等领域有深入研究，并取得了突出成绩。代表作品有邯郸环球中心、阳光大厦、远大国门、江泉大厦、邯郸市职工活动中心、中国永年紧固件博览中心等。多项工程填补了省内空白，达到国内同期、同类项目的先进水平。我先后获得省部级优秀工程勘察设计奖11项；主编、参编了20多本河北省工程建设标准和中国工程建设标准化协会标准；完成了3项科技成果，其中1项获河北省建设行业科技进步一等奖；主持完成了多项课题研究；发表了7篇学术论文，其中3篇论文在国家核心期刊上发表，3篇论文获河北省建设系统优秀科技论文一等奖；获批4项专利，其中实用新型专利3项、发明专利1项。近几年，在固废再利用和装配式砌体结构方面，我进行了深入研究，被授予“全国砌体结构领域特殊贡献专家”荣誉称号。多项科技成果和技术创新在工程项目上得到应用，解决了很多工程建设技术难题，成效显著，创造了显著的经济效益、社会效益和环境效益，在建筑结构设计领域成绩突出，在行业内有较大的影响力，得到了同行的认可。

(一)超限高层建筑

前几年设计完成了多个超高层建筑，如邯郸市已建成的第一栋超高层建筑——邯郸市新世纪商业广场北扩工程(阳光大厦)和目前邯郸市建成的体量最大的城市综合体项目——邯郸环球中心，还有正在设计另一个建筑面积40多万平方米的超高层商业综合体项目——中道三期爱琴海商业广场。

阳光大厦采用了消能减震技术，获河北省优秀工程勘察设计一等奖。邯郸环球中心建筑面积近60万平方米，大底盘裙房上设置6栋高层塔楼，其中2栋塔楼为超限高层，该项目属于大型超高层城市综合体项目。中道三期爱琴海商业广场在商业裙房上布置有3栋超高层塔楼。

(二)复杂高层建筑

远大国门设计于2007年，建成于2009年，是邯郸市第一座连体建筑，也是邯郸市第一个采用素混凝土桩复合地基的超百米公建。

锦霖大厦，后改名为江泉大厦，设计于2011年，建成于2014年。为满足底部商业大空间的需要，在5层顶设置了转换层。本建筑是邯郸市第一座高位转换建筑，设计获河北省优秀工程勘察设计一等奖。

(三)钢结构项目

我先后主持或参与设计了多个大跨度大空间钢结构项目，有大跨度的工业厂房建筑，有下柱采用预应力钢筋混凝土管柱的厂房项目，也有大跨度、大空间的民用展览类建筑，如一三高研科技有限公司高延冷轧项目厂房、福泰动力有限公司40万台发动机项目厂房、河北银隆新能源有限公司4# 和5# 电池厂项目、山西通才工贸有限公司原料厂封闭工程等，还设计完成了多个大型民用钢结构公建项目，如邯郸市职工活动中心、中国永年紧固件博览中心等。

(四)加固改造和消能减震技术应用

我对建筑物的加固改造技术颇有研究，早在20世纪90年代，就设计了多项加固改造工程，如原西湖春饭店改造为邯郸市首家肯德基店，原汉光电影院改造为上海联华超市邯郸万达店，以及原光明商场首层改造成阳光超市前厅等项目的加固改造设计。前几年我又对消能减震技术进行了深入研究，在很多实际工程中设计应用了该技术，如汶川大地震后“校安”工程、邯郸市区大部分框架结构校舍、超高层建筑阳光大厦以及邯郸市职工活动中心等就采用了消能减震技术。工程完工后我进行了总结，发表多篇相关论文。

（五）装配式建筑

近几年我主持设计了多项装配式建筑，有钢结构公建、钢结构住宅以及装配式混凝土结构等，并参与了多本关于装配式建筑的标准编制和研发工作。如钢结构住宅项目——龙山华府11#～14#楼；装配式钢结构建筑——曙光第三小学；装配式混凝土建筑——河北招贤建筑产业园办公楼；装配式钢结构公共建筑——邯郸市职工活动中心等。

在装配式建筑设计工作中我发现，当前适用于钢结构住宅的结构体系不多，国标和行标中的结构体系很难完全适用于住宅类建筑；与装配式建筑配套的三板体系不够健全，用于装配式的围护墙和内隔墙产品质量良莠不齐，真正适用于装配式建筑的墙板产品不够规范；砖混结构装配式几乎空白，没有真正适合低、多层砌体结构的装配式结构体系。为此，我加入了全国砌体结构专业委员会和"新材装配式建筑技术研发团队"，并参与了相关标准和体系的编制和研发工作。

（六）标准编制和标准设计

目前为止，我主编了2本河北省工程建设地方标准和1项标准设计，主编了2本中国工程建设标准化协会标准，参编了5本河北省工程建设地方标准和11本中国工程建设标准化协会标准（其中1本省标获河北省优秀工程勘察设计一等奖），参与审查了3本中国工程建设标准化协会标准。

（七）科技成果及应用

1. 网架焊接球节点加固试验研究

本课题主要针对网架焊接球节点加固进行了试验研究，开展了原球节点和双向环状肋加固球节点、三角肋加固球节点、焊接钢套管加固球节点的受拉和受压试验，并进行了数值模拟分析。课题成果填补了国内在网架球节点加固领域的空白，具有创新性，达到了国际先进水平，获河北省建设行业科技进步一等奖。本课题由河北省建筑科学研究院和河北科技大学主持，本人是第二完成人。

课题的研究成果已经成功应用于邯郸市某项目的网架加固。检测结果表明采用该成果加固后满足规范要求，项目已正常运营多年，经济效益和社会效益良好。

2. 建筑裂缝诊断技术的应用研究

课题通过对建筑裂缝诊断技术的应用研究中的专家意见的量化和研究，寻找一个切实可行的方法，即用数学的方法研究专家的意见，使得建筑裂缝诊断技术应用研究中的专家意见，可用数学的方法来量化和计算，为建筑裂缝诊断提供依据，从而达到解决实际问题的目的。课题成果达到了国内先进水平。

3. 低层装配式混凝土墙板结构体系

低层装配式混凝土墙板结构体系是邯郸市亚太建筑设计研究有限公司、河北工程大学和邯郸市曙光新型建材科技有限公司在装配式混凝土剪力墙结构的基础上提出的一种适宜建造低层装配式建筑的混凝土墙板结构。该结构由预制墙板和现浇边缘构件组成，预制墙板与基础连接采用简单的坐浆连接，坐浆层厚度20毫米，砂浆强度等级M7.5，墙板厚度有120毫米、140毫米两种。

本课题主要通过严格的科学试验和理论计算，研究该低层装配式混凝土墙板结构，在河北工程大学结构实验室做了大量的足尺构件试验。本课题试验结果与理论分析吻合较好，达到了预期效果。

该体系能够满足承载力和变形要求，安全经济、功能完善、性能优良。由于该课题成果构造简单、施工方便、经济性好，所以已经在许多低层民房项目上应用。如邯山区东张策后村搬迁项目、永年广府水街、魏县易地扶贫搬迁工程、涉县赤岸新村以及"7·19洪灾"后民房重建项目等。

（八）技术创新及新技术推广

我热衷于技术创新和新技术推广工作，总结如下。

1. 板构式建筑的研发及推广

蒸压加气混凝土是一种优质建材，具有很多材料所无法比拟的优点。为扩大蒸压加气混凝土板材的应用范围，创新性地提出了适用于低、多层装配式建筑的蒸压加气混凝土板构式建筑这一新体系，跟中国建筑东北设计研究院有限公司一起，开展了板构式建筑的研发工作。

大量的构件试验在沈阳建筑大学结构实验室和中国地震局工力所完成。

该体系不仅具有施工方便、造价低、工期短、保温防火性能好等优点，而且能够大量消耗工业固废——粉煤灰。板构式建筑的大量推广应用,具有良好的经济效益、社会效益和环境效益。

目前，该体系的试验楼已经在内蒙古锡林浩特市的兴建集团新型建材公司建成，相关规程已经编制完成，正在报批审查。

2. 低层装配式混凝土墙板结构体系研发及推广

我创新性地提出了一种适宜建造低层装配式建筑的混凝土墙板结构——低层装配式混凝土墙板结构体系，进行了试验研发工作，并开始工程应用，相关标准已经编制完成。

3. 预应力混凝土管柱厂房

我创新性地采用预应力混凝土管柱做钢结构厂房的下柱，并就如何提高管柱的延性，如何计算抗剪承载力以及如何与钢构件连接等技术难题进行了研究分析和试验，成功解决了这些问题。管柱的制作采用预应力混凝土管桩的制作工艺和设备,其优点是施工速度快、造价低、防火性能和耐久性能好。这种做法同时扩展了管桩生产厂的产品应用领域，这项新技术已经在多个工业厂房项目推广应用，经济效益和社会效益明显。

4. 大直径预应力混凝土管桩的应用

首次尝试在市区东部软土地区采用大直径预应力混凝土管桩代替钢筋混凝土灌注桩的桩基方案。经对比分析，该方案不仅工期短、施工方便，而且造价低、无排废，经济效益和环境效益显著。目前已经在阳光东尚 S5、S6、S7 三地块的高层建筑和荣盛东区项目高层建筑等多个项目上采用。

5. 工业副产石膏再利用

目前，我国对工业副产石膏——磷石膏和脱硫石膏的综合利用率很低，大部分也是被简单堆放处理。为了提高工业副产石膏在建筑工程中的综合利用率，我带领团队研发了一种新型空心楼盖体系——装配式预应力肋梁石膏模盒叠合楼盖体系。该楼盖体系由工厂预制的预应力肋梁、工厂加工的石膏模盒和现场浇筑的混凝土叠合层三部分组成。

该体系工厂化预制、装配式施工，适用于所有建筑楼板（尤其是装配式建筑），能够大量、高效地将工业副产石膏进行装配式利用。目前，该楼盖体系正在进行相关试验验证工作，相关标准正在编制中。

（九）学术论文

本人先后发表过《汶川地震都江堰地区建筑震害情况分析》和《软钢消能器在校舍安全工程抗震加固上的应用》等 7 篇学术论文，其中 3 篇论文在国家核心期刊上发表，3 篇论文获河北省建设系统优秀科技论文一等奖。

（十）专利

本人获批 4 项专利，其中实用新型专利 3 项、发明专利 1 项。3 项实用新型专利分别是“一种横向拼装蒸压加气混凝土配筋承重墙板”“一种蒸压加气混凝土叠合板”“一种装配式板构式建筑”，且“一种装配式板构式建筑”还取得了发明专利。

邯郸市新世纪商业广场北扩工程（阳光大厦）

建设地点：河北省邯郸市
建筑面积：137300 平方米
设计 \ 竣工：2014 年 \ 2017 年
获奖情况：2019 年度河北省优秀工程勘察设计一等奖

阳光大厦地上 39 层，地下 3 层，建筑高度 188 米，结构高度 170.55 米。本工程为新世纪商业广场北扩工程，通过抗震缝与南侧新世纪的一、二期相接，形成大型商业综合体。扩建部分建筑面积 137300 平方米。

主楼采用钢筋混凝土框架 - 核心筒结构，36 层及以上为框架 - 剪力墙结构。标准层平面为矩形，核心筒的长宽比、高宽比偏大，主楼在 11 层顶板以上存在竖向收进的情况，属于竖向不规则结构，为超限高层建筑。本工程在第 12 ~ 34 层核心筒处设置了 88 组位移型软钢阻尼器。

本建筑为邯郸市建成的第一个超高层建筑，采用了消能减震技术。

colorlab

邯郸环球中心

建设地点：河北省邯郸市
建筑面积：600000 平方米
设计 \ 竣工：2015 年 \ 2021 年

邯郸环球中心由 6 栋塔楼（T1 ~ T6）和 1 座 5 层商业裙房（美乐城）组成，总建筑面积约 600000 平方米，是一座集五星级酒店、商业零售、休闲餐饮娱乐、酒店式公寓、办公、会所等功能于一体的大型超高层城市综合体建筑。

项目最西端的 T1 塔楼，结构高度 188.9 米，采用型钢（钢管）混凝土框架 - 钢筋混凝土核心筒结构（混合结构）。本塔楼属于扭转不规则、竖向体形收进，且有穿层柱的超限高层建筑。

项目最东端的 T6 塔楼，结构高度 179.7 米，采用钢筋混凝土框架 - 核心筒结构。本塔楼属于首层有穿层柱、扭转不规则的超限高层建筑。

本项目为目前邯郸地区已经建成体量最大的城市综合体项目。

美乐城

中国永年紧固件博览中心

建设地点：河北省邯郸市永年区
建筑面积：23600 平方米
设计\竣工：2019 年\2021 年

该建筑长 258.2 米、宽 95.65 米、高 24.7 米，最大跨度 63 米，总建筑面积 23600 平方米。两端为单层大跨度展览区，中段为三层研发中心办公区。中段采用钢框架结构，两端展览区采用空间管桁架、单层网壳结构，成功解决了山墙大悬挑以及结构超长带来的各种结构难题。

远大国门

建设地点：河北省邯郸市
建筑面积：36000 平方米
设计 \ 竣工：2007 年 \ 2009 年
获奖情况：2012 年度河北省优秀工程勘察设计三等奖，邯郸市建设工程优秀勘察设计一等奖，2011 年度河北省十佳绿色建筑

本建筑为多塔连体建筑，由一个大底盘裙房和两栋塔楼及顶部两塔楼间的连接体组成（23 ~ 25层连体）。塔楼地上 28 层、裙楼地上 4 层，地下 1 层。主体结构高度为 93.06 米，总建筑面积 36000 平方米。

本建筑为邯郸市第一座连体建筑。

江泉大厦

建设地点：河北省邯郸市
建筑面积：62000 平方米
设计 \ 竣工：2011 年 \ 2014 年
获奖情况：2016 年度河北省优秀工程勘察设计一等奖

本建筑地上 30 层，地下 3 层，建筑高度 100 米，总建筑面积 62000 平方米。底部 5 层为商业，上部主要功能为公寓，为满足底部商业大空间的需要，在 5 层顶设置了转换层。主体采用了部分框支剪力墙结构。

本建筑是邯郸市第一座在 5 层顶设转换层的建筑。

邮政局综合营业楼

建设地点：河北省邯郸市
建筑面积：20500 平方米
设计\竣工：2009 年\2014 年
获奖情况：2016 年度河北省优秀工程勘察设计二等奖

本建筑地上 19 层，地下 1 层，结构高度约 80 米，总建筑面积 20500 平方米。底部两层为商业，上部主要功能为办公。项目采用框架剪力墙结构，管桩加筏板基础。

创鑫四期公建

建设地点：河北省邯郸市
建筑面积：138500 平方米
设计 \ 竣工：2012 年 \ 2014 年

本建筑地上 27 层（裙房 5 层，上置 2 栋 27 层塔楼），地下 2 层，建筑高度 99.65 米。整体建筑东西长 200.16 米，南北宽 34.24 米。总建筑面积 138500 平方米，底部 5 层裙房为商业，上部塔楼为办公。塔楼采用框筒结构，裙房采用框架结构，主楼为管桩筏板基础，局部地下室设置了高压喷射扩大头抗浮锚杆。

新兴国际商贸物流城

建设地点：河北省邯郸市
建筑面积：240000 平方米
设计\竣工：2012 年\2014 年（一期）

新兴国际商贸物流城分为一期、二期，目前一期已经建设完成。本项目总建筑面积 240000 平方米。项目共建设 8 栋高层办公建筑，部分裙房建筑，地上高层办公层数为 19 ~ 25 层，局部裙房层数为 2 ~ 3 层，地下设置大底盘汽车库和两层地下室，一期、二期两部分车库通过两个地下连廊连通。

沿街高层公建采用框架核心筒结构，管桩加筏板基础。

阳光东尚 S5、S6、S7 地块

建设地点：河北省邯郸市
建筑面积：530000 平方米
设计\竣工：2017 年\2020 年

本项目为住宅小区，三地块总建筑面积 530000 平方米，住宅部分设大底盘车库。高层住宅采用剪力墙结构，筏板基础，管桩桩基或管桩复合地基。其中东尚名庭的 1# ~ 3# 楼为装配式住宅建筑，配套公建为装配式混凝土框架结构，小学为装配式钢结构建筑。

该项目 18 层以上的住宅采用了直径 700 毫米的预应力管桩，墙下布桩，是邯郸市首个采用大直径管桩基础的项目。

邯郸市职工活动中心（装配式钢结构）

建设地点：河北省邯郸市
建筑面积：60000 平方米
设计\竣工：2019 年\在建

本建筑为综合服务楼，主要功能除办公外，还有职工文体活动、职工服务、职工康复用房和河北劳动关系职业学院邯郸校区等。本建筑塔楼地上 22 层，裙楼地上 3 层（局部 4 层），整体设 3 层地下室，建筑高度 99.95 米，总建筑面积 60000 平方米。塔楼采用钢框架 – 屈曲约束支撑结构，裙房采用钢框架结构，主楼基础为后压浆灌注桩加筏板，裙房基础筏板加抗浮锚杆。

该建筑为装配式钢结构建筑，装配率为 66%。

曙光第三小学（装配式钢结构）

建设地点：河北省邯郸市
建筑面积：13000 平方米
设计\竣工：2018 年\2020 年

该项目位于邯郸市，为装配式钢结构建筑，地上 3 层，建筑面积 13000 平方米。主体采用钢框架结构，钢筋混凝土条形基础。楼板采用钢筋桁架楼承板，围护墙和内隔墙采用蒸压加气混凝土墙板，外保温采用装饰一体化板。

该建筑为装配式钢结构建筑，装配率为 70.2%。

张利新

1990年毕业于河北工业大学（原河北工学院）工业与民用建筑专业；1990—1999年在河北省石油化工规划设计院从事结构设计工作；1999年至今在河北北方绿野建筑设计有限公司（原河北昆仑城市住宅设计研究院）从事设计及管理工作。现任公司总经理兼总工程师，国家一级注册结构工程师、正高级工程师。

社会任职

历任河北省土木建筑学会结构工程学术委员会委员、副主任委员，结构工程学术委员会常务理事，工程诊治与质量控制学术委员会常务委员；河北省工程勘察设计咨询协会钢结构设计与产业化分会常务理事，减震隔震技术委员会委员；河北省建设人才与教育协会注册结构师分会副秘书长，河北省工程建设标准化协会理事会常务理事，河北省BIM技术工作委员会委员等职。

主持工程情况及荣誉

主持多项大中型工业与民用建筑设计。在实际工程中积极开展新技术研发应用，取得显著社会经济效益。在全国最早将素混凝土桩复合地基应用于百米高层建筑，最早将CL结构体系应用于规模小高层建筑，最早将弦支梁－砼组合结构应用在大跨度楼盖项目，通过课题研究将石家庄地区后注浆灌注桩单桩承载力提高30%以上。多个项目荣获省部级优秀勘察设计一、二、三等奖。2019年荣获河北省工程勘察设计大师荣誉称号。

学术成果

结合实际工程主持完成多项课题研究，并将研发成果应用于实际工程。《后注浆灌注桩单桩承载力试验研究》《基于性能的大跨度弦支梁－混凝土组合楼盖结构体系研究》等多项课题成果获省部级科技进步奖。主持或参编河北省工程建设标准及图集多项；以工程项目及课题研究为背景，在国家级核心期刊上发表论文多篇。

单位评价

张利新女士从业30年来，秉承结构人在设计中思考、在实践中研究的优良传统，在完成复杂结构工程设计的同时，结合工程的难点与需要开展了大量技术与课题研究，取得了多项研究成果及可观的社会和经济效益；在省内及国家级学术会议上进行主题交流，为推动公司的技术进步和发展做出了重要贡献。她经常带队到现场解决存在的问题，其强烈的质量意识和高度的责任心，赢得了合作伙伴和同行的广泛赞誉。她积极参与行业活动，在河北省多个学术团体任职，参加多个重点、复杂项目论证，主编、参编及评审多项省内标准及图集，代表河北省专家参加全国工程质量检查。作为公司总工程师，她积极推动公司质量管理及科技进步，主编公司学术期刊，组织协同平台实践，促进BIM技术应用；作为公司管理者，她全面推行管理架构和操作模式升级，为企业进一步发展提升发挥了巨大作用。

大道无垠，路在脚下

人生的每一段经历，都是一场修行，更是一次成长。我们要做的，就是脚踏实地，不断地探索追求，尽心尽力。

一、学习之路

我1968年出生于保定——当时的河北省省会，父母在省直机关工作。1973年随着省委省政府迁址，五岁的我跟随父母来到了石家庄，至今近50年了，应该说算是地地道道的老石家庄人了。

到石家庄不久，我也到了上学的年纪，因当时住的家属院跟铁路一小仅一墙之隔，便顺理成章地进了这所小学，初中直接进入了铁路一中。中考时，我的成绩远超当时市一中、二中分数线，待到中考择校时，铁路一中为保升学率，我们这一届被直接端入该校的高中，没有上一中、二中便成了求学过程中的遗憾。当时如果不放弃择校，我想命运可能会是另一种呈现。但幸运的是，初中极有人格魅力、数学又教得极好的邢宝生老师高中又带了我三年，给了我很多人生指引。中学阶段，包括我在内的三位张姓女生，常常霸居年级里的前三，用现在的词儿算是学霸了，我因多居第二，因此被戏称为“二张”。

1986年高考，我自知没有发挥好，本无意填报志愿，但禁不住家人劝导，便随便填了后上交，待收到河北工学院录取通知书时，一眼看到了随带寄来的行李签上赫然印着“土建”二字，整个人一下子蒙圈了，什么什么？难道大学四年要跟土打交道？带着不解和疑虑，我懵懵懂懂地走进了大学校门。到了学校才发现，班上也有不少女生，而且很多同学就是专门冲着这个专业来的，我才得到些许安慰。

工作7年之后的1997年，国家开始推行结构注册师考试制度。我们这届是必须先参加基础考试的第一批，当时我还想着是不是第二年就可以凑够基础课免试条件了，但转念一想，还是应该借机把荒废7年的大学专业基础课捡起来去应试，迎接这个挑战。经过短短两个多月备考，近20门的基础课一次通过，第二年又高分通过专业考试。我成为参加基础课考试里得到注册资格的第一批，也算是对自己学习能力的一次验证吧。说实话，工作一个阶段后，再重读以前的教材，会比原来学习时有着更深层次的理解和认知，会进一步升华，此所谓温故知新吧。

2003年，在清华大学结构实验室做CL结构构件试验时，顺带报名了清华大学结构专业的在职研究生班。吸引我的是它不像有的学校每学期只集中上几天课，填鸭式的很难消化，而是每周周末全天上课。而且老师也很厉害，像钱稼茹教授及现在的工程院院士聂建国教授都是当时的任课老师。虽说石家庄离北京不远，可要完成每周周末的课程总还是要披星戴月。早晨乘坐5点左右的火车赶到北京西站，再坐地铁倒城轨，赶到清华园，晚上九十点下课后再乘火车赶回石家庄，到家往往都已是子夜前后。就这样坚持一年，我完成并通过了全部课程的学习。现在想想，本职工作加上每周周末的学习奔波，外加孩子尚小，那一年过得也真是很不容易。

时光荏苒，一晃大学毕业已有30多年了。虽然有时也心安理得于宿命论，但工作中的各种机会、压力，促使自己必须坚持走在学习的路上，不允许自己偷懒停歇。如今虽已过知天命之年，但感受到时代的剧烈变迁，技术发展的日新月异，学习已然成为人生的日常，也可谓学习之路漫漫，其修远兮……

二、探索之旅

1990年我毕业后分配到河北省石油化工规划设计院，先在北京通县化肥厂实习半年后来到院里的土建室。虽然在工业院里土建不是主导专业，但当时有着四五十人的土建室其实力甚是强大。一批头发花白、经验丰富的老牌工程师杨邦昌、沈从德、李德春、吴金维、沈丽凤等都还在一线工作着。当时还是趴图板画图，绝大多数计算书都是手算、手写，只有框架结构是拆成一榀榀平面框架到机房计机算画图。那会儿的结构计算完全是程序输入，出现问题后的查错是需要丰富经验和功夫的。使用的计算机是PC386，硬盘只有200兆，DOS操作系统，AutoCAD是2.0版，没鼠标，图形操作指令要一行行输入，后来出现图形界面的 AutoCAD 已经是 V9 版以后的事了……但正是因为半手工计算的局限，很多模型都需要简化，这从另一方面反倒更好地保证了概念设计。不似现在，年轻人概念清不清楚都可以输入模型得到结果，有时真会让人惊出一身冷汗。当然因为计算手段有限，项目也远没现在这样复杂和随意。那会儿大家一个办公室，起身倒水和活动时，都会顺道走到图纸跟前，瞄瞄图画得怎样，聊聊图上有什么问题，顺带提提看法。那种工作节奏、交流方式和得到的指导还是挺让人怀念的，现在年轻人已无法体会，时代使然吧。

我虽未正式拜师，但当时的土建室副主任王亚东从一开始就带我干项目，是我实际意义上的师父。他思维活跃，遇事不墨守成规，敢于突破，给了我非常好的示范和引导。记得刚毕业时就曾听到他很自豪地讲起在做市公安局大楼项目时，请教并与河北建勘院梁金国总（现国家勘察设计大师）合作，进行大直径人工挖孔扩底桩设计，且为保证工程质量，坐着吊篮亲自下到桩孔底探查验证，还差点被埋的经历。这种认真务实的工作作风深深影响着我，我也在以后的工作中践行着深入现场了解掌握实际状况的工作方式。

不拘泥于自身条件，开阔视野，打开思路，也是从师父那所切实感受到的。1991 年前后，为解决项目难题，我曾跟随他先后去中国建研院拜访结构软件行业一家独大的 PKPM 主研人陈岱林（也是我的师兄）和高层所高规的主要起草人、当时权威高层软件 TBSA 的主要研发人、行业大咖赵西安，去了解行业顶级专家对问题的看法及解决思路。此外，还有像低调内敛但技术精湛的核四院结构总李立津等，都曾在项目上给予我莫大的帮助。通过他们我也更加意识到，在日常工作中不仅是简单地完成项目，而是要进行多方案比较，综合评判方案的合理性，尽最大努力以最好的方式完成好项目。

1995 年，我参与了河北农业银行近百米高办公大楼的设计。通常情况下，在天然地基不能满足设计要求的前提下，一般都是采用钢筋混凝土灌注桩或大直径人工挖孔扩底桩。当时中国建研院地基所闫明礼所长研发出的 CFG 桩复合地基因施工快、造价低正在推广使用，但基本上用在多层及小高层上，百米高层建筑采用复合地基还未有先例。且因复合地基的桩与筏板不是直接相连的，业内对其能否保证高层建筑的安全有很大争议。为此我们专门请教黄熙龄院士和闫明礼所长，并对本项目主持论证，经过审慎分析，给予充分肯定，排除众议后，复合地基方案得以在项目中实施。同时为满足百米高层建筑对桩身强度的要求，将 CFG 桩调整为素混凝土灌注桩。该方案的实施，将桩端持力层由第 7 层卵石层调整到了第 6 层含卵石的中、粗砂层，减小桩身长度 8 米，节约桩基工程量 1/2，加之施工难度降低，节约桩基工程费近 2/3，取得了显著的经济效益、环境效益和社会效益，为复合地基在高层建筑中的应用提供了很好的工程实例。该项目中，由于基底下有厚度不均匀的软弱土层，通过调整褥垫层厚度有效调整了桩土应力比，改善了由于土层严重不均带来的不均匀沉降，为变刚度调平做了非常有益的尝试，实践证明，效果理想。1996 年，该项目进行地基处理施工及堆载检测时我即将临产，但为得到第一手资料，做到心中有数，我曾多次下到十多米的深坑中，这也是践行师父教导的体现吧。后来，以该项目为依托在《建筑结构》上发表了论文《刚性桩复合地基在高层建筑中的应用》。

河北农业银行

1999 年 6 月，三十而立的我在连小侠院长的“鼓动”下，辞职来到当时还为数不多的民营企业“河北昆仑城市住宅设计研究院”，也就是北方绿野的前身。“昆仑”听起来大气磅礴，加之冠以“河北”和“研究”，显得很有些高大上，但其实只是一个刚刚成立了几个月的乙级资质的设计公司，固定人员全数不足十人，办公面积也仅有几间办公室而已。如此规模，要想在当时民营企业还不被普遍认可的市场环境下赢得一席之地，一定要有独到之处。不得不说，当年的连院长，思想敏锐，眼光独到，精准地体察到住宅市场的发展走向——节能、经济、适用、发展，把准了脉络，就有了方向。1999年到2000年间，公司在人力、物力、财力都很紧张的情况下，介入了地板辐射采暖、住宅采暖分户计量等一系列研发工作，并编制了相关规程图集，取得了大量成果且广泛应用于实际工程。CL结构体系虽然从1992年起就已开始试验研究，但直至2000年我们逐步介入并设计邯郸宏达名都花园以前，该体系也仅是停留在青岛建成了一栋6层房屋试点。我们设计的3栋9层小高层项目是该结构体系在全国成规模应用的首例，同时把设防烈度由7度调整为8度，充分体现了该结构体系抗震性能优良、节能保温好的优势，在社会上引起不小反响，项目建设期间及建成后，参观者络绎不绝。

邯郸宏达名都花园

任何一种新结构体系，即便有了充分的准备，但在大规模推广应用时，一定会存在很多尚未意识到或尚待解决的问题。为处理施工过程中随时可能出现和存在的各种疑难杂症，我开启了当天往返于邯郸和石家庄的日常工作模式，由此也留下了半小时学车上路，一天即开车上高速，在高速上学会开车的笑谈。这种工作经历现在也是绝无可能出现的了。

除邯郸项目应用外，2001年又趁热打铁，在邢台阳光国际小区多层项目中对CL结构体系进行了大规模应用。2003年在设计石家庄信通花园小区时（14栋11层的住宅小区，规模进一步升级），在常规剪力墙结构天然地基承载力不满足要求的情况下，通过采用CL结构体系减轻了结构自重，实现了节约地基处理费用的目的。同时对CL结构体系应用进行了大胆改进，将只考虑内叶混凝土受力，外叶只贡献刚度的做法，改为内外叶混凝土同时受力。这就需要采用合理构造措施，既要保证梁、柱等边缘构件与内外叶混凝土之间的有效连接，又要解决边缘构件热桥，同时还要考虑混凝土浇筑的便利性和质量，以及与现行规范存在的某些冲突等一系列计算及构造问题。为确保工程可靠，除进行计算分析外，还针对调整后的结构方案在清华大学结构实验室完成了3片1∶1墙板受力试验，取得了令人满意的预期效果。以该项目为依托完成的课题获省建设科技进步一等奖，该项目设计也获得了省优秀设计二等奖。

邢台阳光国际小区

石家庄信通花园小区

工作30年了，我的体会是不仅用学识完成好项目，还要本着工匠精神，通过对技术的钻研把握，更好地为项目、为业主带来超值回报，为社会做出专业贡献。

2009年河北师范大学体育学院项目，在确定大跨度楼盖结构方案时，通过多种方案比选，最终与天津大学陈志华教授团队合作首次将张弦梁结构应用在了大跨度楼盖结构上，取得了重大技术突破。因张弦梁结构轻盈、美观、强度高，常作为大跨屋盖结构，但作为体育运动场馆的楼盖结构，当时还未见报道。除了要了解结构在不同施工阶段各主要受力构件的内力及变形情况外，张弦梁结构因刚度小，带来舒适度很难满足问题。特别是运动场馆的活动人数不确定，运动位置及节奏不确定都会给方案设计带来困难，如果处理不当，就会造成项目失败。为此在做了大量基础工作后，邀请全国工程勘察设计大师任庆英等专家召开项目论证会，在充分分析并做好设计设置TMD质量调谐阻尼器改善舒适度的预案后开始项目设计及施工。同时，与北京奇太振控公司陈永祁专家团队合作，安装从美国进口的高质量减振器，并对减振器安装前后进行多工况对比测试，取得了令人满意的技术经济效果（安装减振器的项目不少，通过在安装前后做对比测试，得到有价值的对比数据，从而校核计算模型的项目则少之又少）。该项目是混凝土结构外加钢结构楼屋盖系统，施工过程中参与单位多，同时项目体量不大，工作面小，能否合理组织、有序穿插成为满足工期及得到有价值试验数据的重要因素。加之因举办大运会已经卡死了项目竣工时间，为此设计承担起了协调各方有序开展各道工序的重任。采用该技术不但楼盖用钢量节省一半以上，而且结构轻盈、观感良好。以该项目为背景，天津大学培养了多名硕士及博士生，并获得了专利技术。我们通过该项目完成的课题也获得省建设科技进步一等奖，项目获河北省优秀设计一等奖。

河北师范大学体育学院

2011年在怀特二期项目设计中，要在平面400米×400米，包含车库、商业等功能的4层地下室大底盘上建设13栋百米高塔楼。如按常规灌注桩基需将桩端持力层置于第13层卵石层上，桩长30米左右。而如果采用后注浆灌注桩提高单桩承载力，在综合提高系数达到2的前提下（常规采用的提高系数仅为1.3～1.5），则桩端可仅置于第11层圆砾层上，桩长减少近1/3，施工难度、工期、造价都将大幅度降低。为了充分挖掘后注浆灌注桩的承载力潜力，在工程设计前进行了多达33根桩的多种类型、多种检测方式的实体桩对比试验，通过桩侧钢筋计及桩端压力盒测试得到大量第一手数据，特别是桩侧注浆、桩侧桩端注浆、无注浆桩的破坏性对比试验结果，有效支撑了本地区地质条件下后注浆桩的高承载力放大系数取值，并得到各方认可。研究结果应用于该工程，单桩基工程一项就为甲方节省投资2000余万元，取得了非常好的社会效益和经济效益，该研究成果也被广泛应用于石家庄地区相似工程，该课题也因此获得省政府颁发的科技进步奖。以该项目及课题为依托，我们在《建筑结构》上发表了《石家庄地区后注浆灌注桩侧阻力及端阻力增强系数取值的试桩研究》《锚桩法与反力桩法及自平衡法试桩结果对比分析》《后注浆灌注桩单桩承载力影响因素分析及设计取值探讨》等多篇文章。

怀特二期项目

近几年因为用工荒、环保等因素，国家大力推广装配式建筑，需要满足装配式建筑50%装配率要求。对于混凝土结构，因各地区加工制造安装水平不尽相同，若按照发达地区竖向混凝土构件采用装配式的做法，在施工精度不能保证时将会带来严重安全质量问题，甚至质量事故。为此我们组织各专业集中评估，充分考虑各种可能方式及实施的效果，最终确定了既满足装配率又在一定阶段相对可控的操作方式，完成了石家庄首个装配式上会项目并一次通过，为后续项目操作带来借鉴，目前这种方式依然是主流。

装配式钢结构建筑相较于传统混凝土结构建筑，不仅具有自重轻、承载力高、抗震性能好、构件制作安装简单、工业化程度高等特点，还因其为工厂提前制作，可缩短工期，减少现场人工，冬天施工不受雾霾影响等，优势越发凸显。因房地产关注的是初期投资，只有造价得到合理控制，才有可能在量大面广的住宅项目中得到推广应用。我认为目前用钢结构去追求剪力墙结构效果的做法并不可取，不但不能充分发挥钢结构自身优势，而且有可能带来更高成本。为此带领公司技术团队开始进行针对装配式钢结构住宅项目的系列应用研究。相信研究成果能够让大家更直观地看到钢结构在住宅项目中的应用前景，树立信心并大量推广，实现其应有的社会价值和经济价值。

现场指导工作

不为研究而研究，在完成项目的同时，发现研发点，找到课题方向，利用设计在项目中的主导地位，产学研相结合，力求突破。既不增加建造成本，又能带来经济效益与社会效益，同时还能取得丰硕课题成果，是我们一直以来秉承的方向。

三、管理之道

从2002年起，我先后担任公司副总经理、常务副总经理、总经理兼总工角色，因此除了组织完成生产任务外，技术及团队管理也是很重要的工作内容。

从技术管控角度，我主要负责建立并完善项目的操作流程、实施细则，并督导各专业院协作完成。无论是设计还是管理，都更重视金字塔上端的管控到位。通过制度的落地执行、标准化建设推进、沟通机制有序协调、人员合理组织调配等促进和保证项目的顺利实施，完善的后期服务与深入现场综合把控更是质量控制的重要手段。

河北省建筑勘察设计协会女企业家座谈会

多年来，我一直坚持公司规范经营与管理，在信息化、标准化、科技化上不断努力，取得显著成效。公司成立BIM技术中心，推动BIM技术在复杂项目上成功应用；成立技术研发中心，获得大量研究成果，并成功地将研发成果应用在实际工程；通过与国内优质专业软件公司合作完成的协同平台，在设计与管理中发挥着越来越重要的作用。

公司多年来坚持走专业院的操作模式，整合优势资源，更好地实现产品质量、效率的控制与提升。

重视对人员工作心态的引导与疏导，让员工找到自身发展、企业发展及客户需求间的共同点，使员工在工作的同时获得满意感、成就感。

通过多年的管理实践，我越来越认识到，管理是一门深奥的学问，是更高级的生产力。唯有在管理路上不断成长，才能实现技术更深入的社会价值。

四、感恩之心

我自认为自己是一个平凡的不能再平凡的人，我时常跟我的领导说，我可以代表大多数最普通员工的想法，我是他们的缩影。一路走来，虽然种种原因，我没有很丰富的阅历和傲人的成绩，仅是因为在工作中做了力所能及的努力，便得到了众多领导和行业专家的认可和支持。因此，我一直都心怀感恩，感谢知遇之恩：感谢中学阶段的班主任邢宝生老师，一直像父亲和园丁那样关心指引着我；感谢大学阶段的华德辉、吴建有、张学凯等老师，严谨求真的作风影响着我；感谢工作后的领导兼师兄、师父于一身的王亚东老兄，给我工作以启蒙，钻研探索之路以引导；感谢曾在一个办公室又带我离开体制的连小侠老兄，因为认可，所以拉出来一起创业；感谢在一起搭档20年的领导兼好兄弟郝卫东大师，在工作、生活中给予我莫大的包容、理解和支持；还要特别感谢王永祯老先生，亦师亦父，用他严谨、求实、钻研的精神，活到老学到老的状态伴我成长；当然还有一起工作的同事们以及家人们……需要感谢的人还有很多，不一而足。我深知，给我的荣誉是对我的爱护，是要我更好的去努力、去奉献。会的，我定会竭尽全力。

弱为女儿身，坚强如磐石。拔地起高楼，兼顾各方需。
钢筋泥土间，融入缜密心。省会繁华貌，有我性情真。

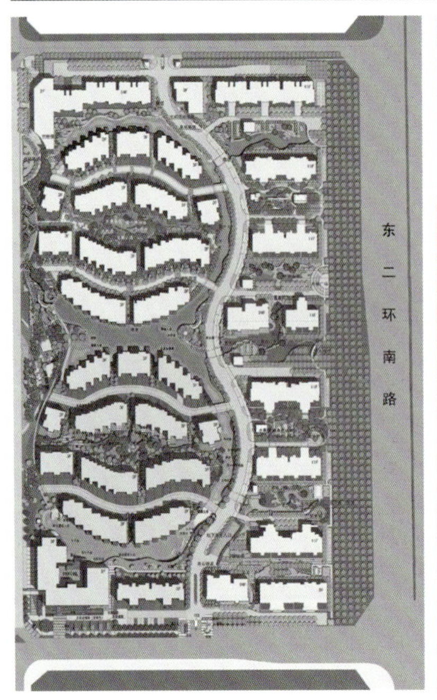

顺驰蓝郡项目

该项目位于石家庄东岗路北侧，东侧紧临东二环，地理位置优越。项目用地 19.6 公顷，建筑面积 142500 平方米。规划方案采用高低密度相结合的规划理念，在西侧价值最高的核心区域，利用低密度的 Townhouse 形成两个“浮动的圆盘”，高层建筑沿二环绿化带布置在东侧，在圆盘和高层住宅之间，有南北向的一条曲线的景观大道贯穿整个小区。该项目设计于 2004 年，高层建筑间采用整体大底盘地库，是石家庄最早采用整体式大底盘地库不设抗震缝的建筑项目。

河北师范大学图书馆

该建筑位于石家庄市河北师范大学新校区的中轴线上，地上5层，建筑高度23.95米，建筑面积45300平方米。因功能需要，建筑平面有五个功能分区，形成类似于缺少中间支腿的躺倒的“王”字形，两个方向尺度均超过百米。为满足使用功能及外立面的美观统一，整个建筑未设置抗震缝，结构需解决平面不规则、超长、扭转及局部应力集中等问题。入口处采用通高拉索幕墙，与屋盖放射状鱼腹式桁架结合，形成简洁、通透、美观的高大共享空间。该项目获河北省优秀勘察设计一等奖、国家优秀勘察设计三等奖、国家绿色创新二等奖，以及二星级绿色建筑标识等荣誉。

河北师范大学体育学院

该建筑位于石家庄市河北师范大学新校区东大门处，由北侧两层训练场馆（层高 11.1 米）及南侧五层办公楼（层高 3.7 米）通过连桥连接而成，建筑面积 15200 平方米。为解决南北侧刚度差异，采用了带钢支撑的钢筋混凝土框架结构体系。该项目开创性地将弦支梁 – 混凝土组合楼盖应用在了 40 米大跨度楼盖结构中，同时采用 TMD 楼面减振系统很好地满足了楼板舒适度要求，并在安装减振器前后完成了多工况使用效果的对比测试。该项目获河北省优秀工程勘察设计一等奖。基于该项目完成的课题“基于性能的大跨度弦支梁 – 混凝土组合楼盖结构体系研究”获河北省建设科技进步一等奖。

五指山度假酒店

该项目位于海南省五指山市，建筑面积39600平方米。地上8层，主体呈三边围合造型，南向开敞，自北向南逐层退台。地下3层，为大底盘连体建筑，有三层下沉庭院。该项目采用一柱一桩嵌岩桩筏板基础，框架剪力墙结构。

因项目依山而建，地势原因使建筑两侧侧向限制条件差异较大，需解决外挡土墙侧向刚度差异过大对主体带来的影响。因设防水位较高，且内部存在下沉花园，给抗浮设计带来一定难度。

河北生殖妇产医院

该项目位于石家庄市西南部，为该区域地标性建筑，建筑面积66800平方米，地上23层，地下3层，建筑高度98.15米，结构形式采用框架－核心筒结构。主楼桩筏基础采用变刚度调平设计，桩基桩端、桩侧均采用后注浆工艺，并采用自平衡检测方式。内筒外侧走廊处增设一排内柱，形成双排柱外框架，可最大限度增加走廊净高。通过布置四根斜柱实现建筑立面斜向切割效果。

主体完工后，因使用功能改变，除平面布置调整外，抗震设防类别由丙类提高到乙类。结构除需进行常规加固改造外，还需解决抗震构造措施不足等问题。该项目获河北省工程勘察设计一等奖。

鹿泉智慧中心

该项目地处石家庄市鹿泉区卧佛山下，总建筑面积近40000平方米，是石家庄市2018年旅发大会主要场馆，是一栋集展览、会议、城市应急指挥、数据机房和酒店等功能于一身的综合性建筑。应急指挥中心部分为4层，展馆部分为2～3层。结构整体采用钢框架结构。

项目依山而建，单侧临土，屋面顺势呈坡度变化，导致了各层的计算高度、边界条件、空间关系转换复杂，出现大量斜梁、折梁，且大空间展馆空间需求导致大量大跨度柱网存在。城市应急指挥中心区域外形呈灯笼状，设计借鉴门式钢架设计理念，外围结构采用外挂弧形钢架＋角部设置交叉斜撑组成的外挂结构。该项目目前已经建成并投入使用，社会反响良好，已成为当地的地标性建筑。该项目获河北省优秀勘察设计一等奖。

河北医科大学图书实验楼

该项目位于石家庄市河北医科大学院内，是一座集图书阅览、学习、科学研究为一体的综合性学术建筑。地上 18 层（含 5 层裙房），地下 2 层，建筑高度 74.9 米，建筑面积 67800 平方米。主体结构形式为钢筋混凝土框架剪力墙结构。5 层以下为图书阅览大空间，柱网、荷载均较大，而层高又受到限制，经综合比较确定在 5 层及以下大空间采用单向预应力现浇混凝土空心板布置方案。出于对建筑整体效果和内部功能分区影响的综合考虑，主体结构未设置抗震缝，导致塔楼质心与大底盘质心偏心距大于底盘相应边长的 20%，属超限高层。该项目获河北省优秀勘察设计一等奖。

怀特商业楼

该项目位于石家庄市中心区域怀特商圈，地上19层，地下3层，建筑高度97.6米，基座长400余米、宽60米，上有4栋塔楼呈一字排开，塔楼间为4层裙房，建筑面积超260000平方米。塔楼采用钢骨混凝土框架－钢筋混凝土双筒结构，裙房采用框架结构。主要柱网为8.4米×11.7米和8.4米×13.8米，仅在框架柱间设置主梁，采用单向预应力空心楼盖结构，桩筏基础采用变刚度调平设计。该项目因基槽开挖较深，且主裙楼为连在一起的大底盘建筑，经综合分析评判，在每平方米造价增加不到20元的情况下进行了抗浮设计。

匡教禅寺

匡教禅寺项目位于河北省邯郸市成安县，项目包含大雄宝殿、弥勒殿、观音殿、地藏殿、禅茶一味茶堂、斋堂、山门殿、钟鼓楼、法堂、二祖说法台、映印潭、禅堂等若干子项。其中大雄宝殿是已建成的禅寺内最主要建筑，位于禅寺的中心位置。

该项目为仿唐建筑风格，大都采用混凝土框架仿木结构建造，将原本采用木构件榫卯连接方式形成的斗拱、椽、檩等构件，改用混凝土构件实现。但需要解决以下问题：①屋顶自重大，柱子稀少，头重脚轻，抗侧刚度弱；②斗拱等节点因做不到榫卯连接而不可靠，且无论从构件尺度、连接方式、施工工艺等方面均无法达到常规混凝土结构的构造要求，安全和耐久性难以满足，抗震能力差；③屋檐出挑尺寸大，有的子项角梁处出挑长达7米，而由于形制原因尺寸又受到限制，实现困难。最终通过将梁柱间斗拱设计成十字交叉混凝土墙片等方式较好地解决了上述问题。部分建筑已使用，效果良好，为混凝土仿木构建筑的实现做了有益尝试。以该项目为背景，发表论文《某寺庙混凝土仿古建筑结构抗震设计实例》。

怀特二期改造项目

该工程位于石家庄市核心区域，地上有 13 栋百米高层住宅及多栋多层配套公建，地下是 4 层大底盘商业及地库，基底相对标高 -27 米，总建筑面积近 1100000 平方米。地下平面尺寸两个方向均为 420 米左右，地下大底盘的平面体量及基底埋深，当时在当地乃至全国均属罕见。考虑百年大计，与建设方共同商定抗浮设防水位，并采用抗拔桩方式解决。本工程抗压桩、抗拔桩数量大，有 4000 根左右，通过进行多组抗压、抗拔桩多种工况的对比试验，取得了较常规后注浆灌注桩基取值高得多的承载力提高系数，大大提高了单桩承载力，减小了桩长，缩短了工期。仅此一项，即节约投资 2500 万元。

以该项目为背景完成的课题“后注浆灌注桩单桩承载力试验研究”获河北省建设科技进步一等奖及河北省科学技术进步三等奖，并在《建筑结构》上发表《石家庄地区后注浆灌注桩侧阻力及端阻力增强系数取值的试桩研究》等多篇论文。

马述江

汉族，1965年8月出生，中共党员。1987年7月毕业于华北水利水电学院，研究生学历，毕业后分配至河北省水利水电第二勘测设计研究院，从事水利水电工程设计及技术管理等工作，后任院长，二级正高级工程师。2021年3月，设计院改制为河北省水利规划设计研究院有限公司，任公司董事长、党委书记。河北省工程勘察设计大师，河北省政府特殊津贴专家，具有国家注册土木工程师（水利水电）、注册咨询工程师、水利工程建设监理工程师、水利造价工程师等执业资格。

社会任职

现任华北水利水电大学、河北工程大学特聘硕士研究生导师，中国水利水电勘测设计协会常务理事，中国水利水电勘测设计协会信用评价工作委员会主任，河北省勘测设计协会副会长。

主持工程情况

参加工作以来，先后主持和参加水利水电工程勘察设计数十项，具有丰富的勘察设计专业知识和实践经验。近年来，作为项目总负责人，主持了特大型水利工程——南水北调中线工程总干渠邯邢段勘测设计，以及省重点工程——河北省南水北调配套工程保沧干渠、河北省南水北调配套工程邢清干渠等大型水利工程各设计阶段勘测设计和科研工作。

学术著作

出版《倒虹吸结构预应力混凝土技术》（中国水利水电出版社）、《超大口径长距离HDPE输水管道工程关键技术研究》（中国水利水电出版社）专著2部；在省部级以上刊物发表学术论文20余篇；参加了《水利水电工程安全监测设计规范》（SL 725—2016）、《水利水电工程球墨铸铁管道技术导则》（T/CWHIDA 0002—2018）、《大口径聚乙烯（PE）给水管道工程技术规范》（DB 13/T 2162—2014）等5部标准规程的编制；拥有专利2项。

获得荣誉

获得河北省科技进步奖5项，其中“大型倒虹吸预应力混凝土结构成套技术研究与应用”“超大口径长距离HDPE输水管道工程成套技术研究与应用”2项课题获河北省科学技术奖二等奖；“南水北调中线（河北段）受水区域水环境预测评价研究”“等能量夯扩紧密碎石桩处理液化地基成套技术研究”“水电站虹吸式进水口机组飞逸过度过程及控制系统研究”等3项课题获河北省科学技术奖三等奖。获全国水利水电工程勘察设计奖、河北省优秀工程勘察设计奖、河北省优秀咨询成果奖等30余项。

单位评价

马述江同志热爱水利事业，爱岗敬业，恪尽职守，廉洁自律，开拓创新，自觉践行习近平生态文明思想，为我国水利事业和我省经济社会发展做出了突出贡献，先后20余次被评为院先进工作者（嘉奖）、优秀共产党员，多次被评为水利厅先进工作者。1996年被河北省人事厅授予“全省优秀大中专毕业生”；2010年被水利部授予“全国水利系统勘测设计先进个人”。先后被授予“中国水利水电勘测设计协会优秀协会工作者”“河北省水利规划计划工作先进个人”“河北水利首届‘十佳青年’”“河北省水利学会先进工作者”等荣誉。2017年被省政府批准享受“河北省政府特殊津贴专家”。

大道知行 师德为范

一、初心砥柱绿水间

2020 年 4 月 29 日，南水北调中线一期工程正式启动加大流量输水，陶岔入渠流量按计划逐步从 350 立方米 / 秒设计流量提升至 420 立方米 / 秒加大设计流量，5 月 9 日到达峰值。特别是 2020 年 5 月 9 日以后，首次实施设计加大流量 420 立方米 / 秒持续输水，工程建设质量和运行管理水平经受住了重大考验。6 月 21 日，南水北调中线一期工程 420 立方米 / 秒加大流量输水工作圆满结束，工程运行良好，调度平稳有序，期间输水 19 亿立方米，其中生态补水 9.5 亿立方米，助力华北地区地下水超采综合治理成效显著。

作为南水北调中线一期邯邢段工程规划设计的总负责人，马述江感慨万千。望着奔涌北上的长江水，自豪感油然而生，思绪仿佛又回到了 20 世纪那段难忘的岁月。三十年，他将自己最宝贵的青春都奉献给了南水北调工程，奉献给了这片他所深爱的土地。

1952 年毛主席提出："南方水多，北方水少，如有可能，借点来也是可以的。"经历了半个多世纪的论证，优选出东、中、西三条调水线路，连通长江、黄河、淮河、海河，形成南北调配、东西互济的水资源优化配置格局。

自 1990 年，河北省水利水电第二勘测设计研究院承担了南水北调中线工程邯邢段规划设计任务，马述江跟着时任院长、总工从与河南接壤的磁县到与石家庄接壤的邢台内丘进行现场查勘，开始参与设计、安排前期工作。他们踏荆棘、跨沟壑，无数次用脚步丈量华北平原这片干涸的土地，沿线情况稔熟于心。汗水冒着热气湿透全身，滴落在这片荒芜的土地，像一粒种子，在他年轻的心中生根发芽，心中只有一个信念，那就是让南水北调工程在他们这一代人手中变为现实，彻底改变华北地区干旱缺水的现状。

这一走，就是 20 多年。风雨兼程，披荆斩棘，马述江从一名青涩懵懂的青年，成长为一名工程师、高级工程师、正高级工程师、工程设计大师、政府特贴专家。2009 年，他从老一辈手中接过了接力棒，担任南水北调工程总负责人，全面主持设计院南水北调工作，带领项目组踏上了接续奋斗的新征程。

南水北调中线工程是全球最大的跨流域调水工程，其中邯邢段工程全长 172 千米，设计流量 235 立方米 / 秒，加大流量 265 立方米 / 秒，共划分 9 个设计单元，每个设计单元自成设计体系。其中流域面积大于 100 平方千米，大型交叉建筑物 20 座，每座建筑物都可构成一个大型工程。共布置左岸排水建筑、公路、铁路交叉等各类建筑物 338 座，工程总投资 128 亿元。工程规模浩大，采用全线自流，技术条件特别复杂，在国内外没有先例可循，一切从头开始。

这注定是一次充满艰难与挑战的远行，这是意志的角逐，是毅力的较量。白天他们在野外战严寒斗酷暑，现场查勘，晚上挑灯夜战，优化设计，比选方案，带领项目团队攻克了一个又一个世界级难题，创造了水利史上的无数个第一，铸就了我国水利建设的伟大创举。具体项目情况如下。

①南沙河倒虹吸工程是南水北调工程规模最大的倒虹吸结构之一，在国内大型倒虹吸设计中首次采用了预应力混凝土结构技术，采用双向预应力结构、高强低松弛预应力钢绞线和曲线孔道真空灌浆的预应力技术，较常规混凝土方案节省工程投资约 10%，并大大提高了工程的耐久性和可靠度，解决了预应力技术应用于大型箱形倒虹吸工程中结构受力、预应力钢筋张拉等一系列重大技术难题，研究成果成功应用于南沙河倒虹吸等多项工程。

②洺河渡槽是南水北调中线工程总干渠上的大型交叉建筑物，渡槽总长 829 米，槽身为矩形三槽互联三向预应力简支结构，共 16 跨，单跨长 40 米，是南水北调中线工程单跨跨度最大的渡槽。工程首次提出将输水结构与承重结构相结合的横向三槽互联矩形槽结构形式，采用矩形三槽互联三向预应力简支结构的高架预应力过水结构形式；首次将桩端后压浆工艺应用于南水北调工程中；另外，减震支座设计、槽壁保温防渗冗余工艺设计、永临结合的外

墙保温工艺、纤维素混凝土应用设计等一系列科技创新成果，使工程造价节约25%，具有显著的经济效益。洺河渡槽设计理念及设计方法，已多次被有关专业书籍引用。

南水北调中线工程存在大量液化地基，为减少强夯等常规处理方案所需的巨大投资，马述江首次提出了等能量夯扩紧密碎石桩的处理方案，首次实际应用于南水北调中线工程渠道及建筑物液化地基处理中，有效解决了大量征地取土、弃渣及破坏环境等问题。南水北调中线干线工程建设管理局在全线推广应用，取得了显著的经济效益和社会效益。

在南水北调中线受水区域水环境预测评价研究中，他首次对南水北调受水区内地下水开发利用及环境效应进行了定量评价与研究，评价了地下水开采历时与强度对地下水环境的影响，利用先进的三维地下水流数值模拟模型，预测了地下水动态变化，从区内社会、经济、环境协调发展的角度，提出了水资源优化配置和地下水调控方案，为我省南水北调工程受水区域水资源合理调配提供了技术依据。

向水利部鄂竟平部长介绍南水北调设计情况

膨胀土等特殊土处理一直是世界性技术难题，南水北调中线工程沿线分布膨胀土、液化地基、湿陷性黄土，地质条件十分复杂。他经过攻关、反复试验，提出了采用快速覆盖开挖面，同时置换不同厚度黏土封闭，并做好排水等处理措施，解决了膨胀土渠段渠坡稳定这一世界性难题；通过对膨胀土改性和泥砾代替料的专门研究，减少弃土和取土占地达3000亩（约200万平方米），取得了良好的经济效益、环境效益和社会效益，得到了当地政府和业主的高度评价。

辛勤耕耘结出了丰硕成果，一个个沉甸甸的奖项纷至沓来。

“大型倒虹吸预应力混凝土结构成套技术研究与应用”课题，获2016年度河北省科学技术奖二等奖，并出版专著一部；

“等能量夯扩紧密碎石桩处理液化地基成套技术研究”课题，获2014年河北省科技进步三等奖；

“南水北调中线受水区域水环境预测评价研究”课题，获2009年河北省科技进步三等奖；

洺河渡槽发明的伸缩缝可更换止水，在如此超大规模的渡槽中实现了滴水不漏，成为中线工程的的典范，可更换止水装置已申请国家专利。

考察南水北调中线工程渠首

在这些鲜花和荣誉背后，凝聚了他太多的心血和汗水。老人有病不能床前尽孝，孩子年幼不能照顾陪伴。20多年来，他每天往返于单位和工地之间，风雨兼程，餐风饮雪。无数个不眠之夜潜心研究、刻苦攻关；一次又一次跌倒，从容面对、负重前行。岁月沧桑，再回首已不是当时少年。父母已过古稀，女儿也已长大成人，他欠家人太多太多了。他把自己的全部都奉献给了南水北调工程，南水北调工程也培养了他，成就了他。韶华已逝，他无怨无悔，为了一代又一代水利人的梦想，他义无反顾、勇往直前。这，是一名知识分子的责任与担当，是一名水利人的执着与坚守。

南水北调中线工程堤防施工

技术人员介绍南水北调中线工程地质情况

2014年12月12日，是他一生中最难忘的日子。这一天，南水北调中线一期工程正式通水运行。截至2020年12月，南水北调中线一期工程累计向北方调水348.63亿立方米，约6700万人受益，工程运行安全平稳，社会效益、经济效益、生态效益巨大。大江北上，造福人民，在他们这一代人手中变成了现实。回忆起当时的情景，他依旧难掩心中的激动。那一刻，望着奔涌的长江水，一路北上，一路高歌，泪水瞬间模糊了双眼。大爱无言，这水中矗立的丰碑便是对他最大的褒奖；大音希声，这激流奔涌的江水便是他听到的最美妙的乐章。

二、求索创新保安澜

南水北调工程给他带来了无数荣誉，但他始终没有停止探索的脚步。他深知，一名水利人的使命与责任。他的目光依旧坚定，目标永远在远方。在这之后的几年，他先后主持完成了数十项全省重点水利工程，用实际行动践行习近平总书记生态文明思想，让党中央治水兴水重大决策部署在华北大地落地生根，书写了一名水利工作者开拓进取、奋发作为的壮美篇章。

2013年，他主持了南水北调重点配套保沧干渠及邢清干渠工程规划设计。保沧干渠和邢清干渠工程是河北省南水北调配套工程的最重要组成部分，担负着引江水是否能按时消纳的重任。干渠工程线路长、沿途管道穿越多条河流和道路，管道上下起伏较多，用水户多而分散，每座分水口连接输水支管至各供水目标水厂，操作运行条件极为复杂。他带领项目组刻苦攻关，大胆应用新理论、新技术、新工艺、新材料，解决了长距离大流量输水管道水锤防护措施、球墨铸铁管段阀门止推、长距离大口径HDPE长管熔接和变径接头、利用调流阀进行流量精细控制、长距离大口径定向钻拉管技术、PCCP接口打压和整体水压试验的压力控制及合格标准等一个又一个重大技术难题。

邢清干渠在国内首次采用了超大口径HDPE管，解决了生产、检验、设计、施工、验收中的多项技术难题，填补了国内此项技术标准空白，推动了高密度聚乙烯输水管道在我国水利工程建设行业的应用和发展。在此基础上编制了河北省地方标准《大口径聚乙烯管（PE）给水管道工程技术规程》（DB 13/T 2162—2014）、《长距离输水管道整体水压试验技术规程》（DB 13/T 2718—2018），工程使用的连接高密度聚乙烯管与阀门的变径接头申请了国家专利。

保沧干渠、邢清干渠工程分别获得河北省优秀工程咨询一等奖、河北省优秀工程设计一等奖。"超大口径长距离 HDPE 输水管道成套技术研究与应用"课题获得全国优秀工程咨询成果奖三等奖、河北省水利科技进步一等奖、河北省科学技术奖二等奖。截至目前，工程已安全运行5年，为我省用足用好引江水发挥了巨大作用。

2018 年，马述江主持了廊涿干渠固安支线工程（连通北京南干渠）设计。该工程是服务于京津冀区域协同发展国家战略的重点工程，将河北省廊涿干渠与北京市南干渠两条水源输送工程纵向连通，实现互保互通，提高北京新机场供水保证率。

访问美国加州

该工程为京冀两地水源联调的首次尝试，为京津冀水系连通探索常态化合作提供了经验，实现了河北向北京新机场供水，大大提高了北京新机场供水保证率；首次应用 DIP2400 管，是河北省应用的最大口径 DIP 管，并率先采用单胶圈接口单口打压技术，为我省长距离输水大口径 DIP 管道的运用提供了宝贵经验；首次采用美国 Bentley HAMMER 水锤分析软件进行计算，保证了计算精度和可靠性。根据水锤计算成果，在分水口处设置水锤预防阀，该设备是我院在类似工程中首次采用，为实现双向供水、多渠联动、新老工程联合运用提供了科学依据；工程穿越永定河右堤险工段，顶管管径 DN3000，顶管长度 420 米，最大顶管埋深 16.1 米，在我省同类工程中管径最大、顶进距离最长。

访问比利时东弗兰德省首府

一张张耀眼的成绩单，见证了他艰苦跋涉的无悔岁月，也见证了中国水利事业的蓬勃发展。作为一名共产党员，他初心不改，信仰坚定，在平凡的工作中淬炼着共产党人的坚毅品格；作为一名水利工作者，他忠于科学、求实创新，在生产科研一线书写了水利人的责任与担当。

成功源自对水利事业的热爱，源自对祖国的无限忠诚。他时刻与祖国发展同步。他不会忘记大学时代在党旗下发出的庄严承诺，不会忘记一代又一代水利人无私忘我的不懈探索。1997年，年仅32岁的他便在水利科研领域崭露头角，主研完成了“水电站虹吸式进水口机组飞逸过渡过程及控制系统研究”，并成功应用于紫荆关四级、五级水电站，荣获河北省科学技术奖三等奖，被破格晋升为高级工程师，成为河北省水利系统当时最年轻的高级工程师。

为者常成，行者常至。三十多年，他不计名利，不计得失，将自己的全部热血融入到他所热爱的水利事业，为了我国的水利建设与科技进步，舍身忘我，呕心沥血，不断向着更高的目标攀登。

三、笃行致远著新篇

2011年，马述江走上了副院长的领导岗位。他协助院主要领导对全院生产流程进行再造优化，大刀阔斧地对生产经营体制进行改革，建立起竞争择优、能上能下的用人机制，科学合理、系统完备的考核评价机制和效率优先、多劳多得的薪酬分配体系，极大调动了广大职工工作积极性，为设计院实现快速发展奠定了基础、创造了先机。

不谋万世者，不足谋一时；不谋全局者，不足谋一域。他与院其他领导一起在水利系统率先进行全产业链布局、数字化转型，推进工程全生命周期管理咨询，积极开展EPC项目，参与PPP项目，提出以市场为导向、客户为中心、创新为动力、项目为支撑、效益为目标的经营模式，以先进的设计理念、优质的产品质量和完善的顾客服务铸就了设计院的品牌，市场拓展到广州、北京、天津、西藏、新疆、甘肃、内蒙古等地，业务延伸至市政、景观、电力、交通、铁路等领域，使企业一跃跨入全国甲级设计院的先进行列，先后被授予全国文明单位、水利部先进集体、全国水利水电勘测设计行业AAA级信用企业等荣誉称号。

2018年，历史又一次选择了他，将他推上了设计院院长的岗位。重任在肩，使命光荣。上任伊始，他首先与干部职工倾心交谈，马不停蹄地到先进单位对标调研。无数个夜晚，他夜不能寐，奋笔疾书，制定了企业中长期发展规划，提出了企业远景目标，明确了企业发展战略，一幅设计院高质量发展的宏伟蓝图在他手中逐渐成型，并付诸实施，让企业插上了腾飞的翅膀。

几年来，设计院生产经营全面推进，市场占有率不断扩大，经济效益稳步增长，人均产值、净资产收益率等经济指标始终保持全国水利行业先进水平，职工生活不断改善，幸福指数不断攀升。与院共荣辱，与院同发展已成为全院干部职工的思想共识。

春风化雨，润物无声，他以自己的人格魅力感染着每一名干部职工，他所引领的先进企业文化凝聚起广大干部职工拼搏奋进的强大动力，为企业跨越式发展注入了无穷力量。

人才是设计院最宝贵的资源，创新是企业发展的动力源泉。马述江始终关注行业科技进步，将质量作为企业生命线，将创新作为发展新引擎，先后制定了人才发展规划、人才培养规划，完善了科研项目管理办法、产品质量评定办法等一系列管理制度，不断加快人才引进培养，加大年轻后备干部培养力度，使崇尚知识、尊重人才蔚然成风，企业的人才优势日益凸显，核心竞争力不断增强，综合实力大幅跃升。

担当身前事，不计身后名。他甘愿做幕后的英雄，运筹帷幄，看风卷云涌。他始终没有停止前进的脚步，带领全院干部职工不断向新的目标迈进：

①雄安新区设立后第一个开工建设的永久性水利工程引黄大树刘泵站工程，实现了数字工程与实体工程同步规划、同步建设，成为我省水利行业第一个全数字化设计和数字化交付的项目；

②国家冬奥会水源工程、河北省重点项目“张家口市区、崇礼县补水一期工程”，使我院在高海拔、高扬程梯级泵站、复杂山区跨流域调水工程设计领域走在了全国前列，设计成果达到全国领先水平，创造了全省水利工程的多个第一，为冬奥会顺利举办提供了坚实的水源保障；

③滹沱河生态修复工程，迁安滦河生态防洪工程，

永定河综合治理与生态修复工程，唐山全域治水清水润城工程，张家口洋河、清水河水生态修复工程，雄安新区南拒马河防洪治理工程，白沟引河右堤防洪治理工程，白沟河高碑店段治理工程等重点项目，将“创新、协调、绿色、开放、共享”五大发展理念贯穿其中，成为践行习近平生态文明思想的样板工程，先后荣获“国家级水利风景区”“园林工程金奖”。

他所倡导的科技强院、人才兴院战略为企业发展注入无限活力。水利综合规划、水生态修复治理、大型引调水工程等领域始终保持全国领先优势；BIM 设计、数字化交付、工程全生命周期管理走在全国省级水利设计院的先进行列；智慧水利建设、数字化信息化研究取得重大突破。设计院先后涌现出一大批在全国及省水利行业有很高知名度和影响力的优秀人才和学术带头人，每年数十项科技创新成果荣获省部级以上奖励，被授予国家高新技术企业等称号。

主持信用评价工作会议

作为全国水利水电勘测设计协会常务理事、信用评价工作委员会主任，他时刻关注着全国水利建设市场的健康发展。面对行业内一些企业存在的违规失信行为，他从建章立制、强化监管入手，在水利部和协会的领导下，先后制定了《全国水利水电勘测设计行业信用评价管理办法》，主持起草了水利部《水利建设市场主体信用信息管理办法》《水利建设市场主体信用评价管理办法》等重要制度文件，得到了水利部领导的高度评价，为落实“水利工程补短板、水利行业强监管”总基调和推动水利建设市场信用体系建设做出了突出贡献，被授予“中国水利水电勘测设计协会优秀协会工作者”。

企业改制新公司揭牌仪式

2018 年，随着全国勘察设计单位体制改革深入推进，他以高瞻远瞩的战略眼光和深远谋划，以“功成不必在我”的胸怀与境界，积极谋划企业改革，从企业布局、市场开拓，到人才培养、科技创新，他向全院干部职工勾勒出一幅设计院转型升级、跨越发展的路线图。

2021 年 3 月，在马述江的带领下，设计院圆满完成公司制改革任务，一个充满活力的河北省水利规划设计研究院有限公司正阔步走来。

潮平岸阔催人进，风正扬帆正当时。作为公司董事长、党委书记，马述江依旧步履坚定，自信从容，无惧挑战，激情满怀，用责任与担当赓续水利人的精神图谱，用坚毅与激情书写新时代水利事业的光荣与梦想……

南水北调中线总干渠邯邢段工程

南水北调中线工程是全球最大的跨流域调水工程，其中南水北调中线总干渠邯邢段工程全长 172 千米，设计流量 235 立方米 / 秒，加大流量 265 立方米 / 秒，工程跨越主要河流 10 条，共划分 9 个设计单元，每个设计单元自成设计体系。其中流域面积大于 100 平方千米，大型交叉建筑物 20 座。共布置左岸排水建筑、公路、铁路交叉等各类建筑物 338 座，工程总投资 128 亿元。多个设计单元和单体建筑物分别获得河北省优秀工程勘察设计奖、全国水利水电工程勘察设计奖、河北省科学技术奖，得到国调办、中线局、河北省南水北调办公室及参建各方的高度评价。

工程 2014 年底正式通水至今，运行安全平稳，我省已利用引江水数十亿立方米，引江水已成为我省 7 个城市生活主水源，受益人口达1547万人，水资源环境得到明显改善，社会效益、经济效益、生态效益巨大。

南水北调中线南沙河倒虹吸工程

南沙河倒虹吸工程是南水北调工程规模最大的倒虹吸结构之一，在国内大型倒虹吸设计中首次采用了预应力混凝土结构技术。采用双向预应力结构、高强低松弛预应力钢绞线和曲线孔道真空灌浆的预应力技术，较常规混凝土方案节省工程投资约10%，并大大提高了工程的耐久性和可靠度，解决了预应力技术应用于大型箱形倒虹吸工程中结构受力、预应力钢筋张拉等一系列重大技术难题。

主持完成的“大型倒虹吸预应力混凝土结构成套技术研究与应用”研究课题获2016年度河北省科学技术奖二等奖，并出版了一部专著。

南水北调中线洺河渡槽工程

洺河渡槽工程是南水北调中线工程总干渠上的大型交叉建筑物，渡槽设计流量230立方米/秒，加大流量250立方米/秒，渡槽总长829米，槽身为矩形三槽互联三向预应力简支结构，共16跨，单跨长40米，是南水北调中线工程单跨跨度最大的渡槽，渡槽中的水体重量达140吨/米，技术难度前所未有。工程首次提出将输水结构与承重结构相结合的横向三槽互联矩形槽结构形式，采用矩形三槽互联三向预应力简支结构的高架预应力过水结构形式；首次将桩端后压浆工艺应用于南水北调工程中；另外，减震支座设计、槽壁保温防渗冗余工艺设计、永临结合的外墙保温工艺、纤维素混凝土应用设计等一系列科技创新成果，使工程造价节约25%，具有显著的经济效益。

洺河渡槽的设计理念及设计方法，已多次被有关专业书籍引用。针对洺河渡槽发明的伸缩缝可更换止水，在如此规模的渡槽中实现了滴水不漏，成为中线工程的的典范，可更换止水装置已申请了专利。

河北省南水北调配套保沧干渠、邢清干渠工程

保沧干渠和邢清干渠工程是河北省南水北调配套工程的最重要组成部分，担负着引江水是否能按时消纳的重任。

保沧干渠主要担负向保定、沧州、廊坊三市 12 个县（市）15 个供水目标供水的任务，干渠采用箱涵和管道输水，管道总长 243.571 千米，设计最大引水流量 9.9 立方米 / 秒，工程概算总投资 52 亿元。

邢清干渠位于河北省邢台市境内，受水区为邢台市的 11 个县（市）共 13 个供水目标，干渠采用管道输水，线路总长 168.758 千米，设计最大引水流量 5.0 立方米 / 秒，工程概算总投资 24 亿元。

经过技术攻关，解决了长距离大流量输水管道水锤防护措施、球墨铸铁管段阀门止推、长距离大口径 HDPE 长管熔接和变径接头、利用调流阀进行流量精细控制、长距离大口径定向钻拉管技术、PCCP 接口打压和整体水压试验的压力控制及合格标准等技术难题，在此基础上编制了河北省地方标准《长距离输水管道整体水压试验技术规程》（DB 13/T 2718—2018）。

邢清干渠在国内首次采用了大口径 HDPE 管，解决了生产、检验、设计、施工、验收存在的特殊问题，编制了河北省地方标准《大口径聚乙烯管（PE）给水管道工程技术规程》（DB 13/T 2162—2014）。

工程使用了连接高密度聚乙烯管与阀门的变径接头，有效解决了 HDPE 法兰根与法兰盘接触宽度小，不利于水密封，且容易剪切破坏的问题，为工程安全运行发挥了良好作用，并已申请了专利（专利号：ZL 2015 2 0024309.4）。

保沧干渠、邢清干渠工程分别获得河北省优秀工程咨询一等奖、河北省优秀工程设计一等奖。“超大口径长距离 HDPE 输水管道成套技术研究与应用”课题获全国优秀工程咨询成果奖三等奖、河北省科学技术奖二等奖、河北省水利科技进步一等奖，为我省用足用好引江水发挥了巨大作用。

廊涿干渠固安支线工程（连通北京南干渠）

该工程是服务于京津冀区域协同发展国家战略的重点工程，首次尝试京冀两地水源联调，为京津冀水系连通探索常态化合作提供了经验，实现了河北向北京新机场供水，大大提高了北京新机场供水保证率；工程线路总长 12.56 千米，输水规模 6.1 立方米 / 秒，采用 DN2400 铸铁管，总投资 4.08 亿元。

为满足双向供水，实现河北与北京供水互为备用，首端分水口设置了双向调流设施；为充分利用现有水头，将管材内衬常规水泥砂浆优化为环氧密封层，降低管道糙率，避免新建泵站加压，实现了自流供水、节省投资和节能目的；首次应用 DIP2400 管，是河北省应用的最大口径 DIP 管，并率先采用单胶圈接口单口打压技术，为我省长距离输水大口径 DIP 管道的运用提供了宝贵经验；穿越永定河右堤险工段，顶管管径 DN3000，顶管长度 420 米，最大顶管埋深 16.1 米，在我省同类工程中管径最大、顶进距离最长。

白洋淀引黄大树刘泵站工程

雄安新区白洋淀引黄大树刘泵站工程是引黄入冀补淀工程末端的重要控制性工程，也是雄安新区第一个开工建设的永久性水利工程。对建立白洋淀多水源补水机制，恢复"华北之肾"功能，构建"蓝绿交织、清新明亮、水城共融、多组团集约紧凑发展"的生态城市布局，具有十分重要的现实意义。

大树刘泵站设计流量30立方米/秒，设计扬程27米，布置7台立式潜水轴流泵，6用1备，总装机容量1540千瓦，总投资1.49亿元。

工程以"创造雄安质量，设计一流精品"作为工作目标，按照《雄安新区规划纲要》提出的"智慧城市"建设理念，利用BIM技术，开展三维协同设计，实现设计成果"零变更"；全部设计成果以数字化形式交付业主；建立起我省水利行业第一个"智慧工地"，全要素智能化管理；实现了数字工程与现实工程同步规划、同步建设，是我省水利行业第一个实现数字化设计与数字化交付的创新示范水利工程。

2019年2月1日零时，泵站三台机组如期启动，顺利实现向白洋淀生态补水的既定目标。未来大树刘泵站将纳入雄安新区CIM智慧城市管理平台，实现工程全生命周期数字化管理和智能化应用服务。

易县五一渠四级、五级水电站

易县五一渠四级、五级水电站，分别位于河北省易县城西偏北约30千米处的上陈驿乡坡下村西和大东沟沟口处，是利用紫荆关跨流域引水工程五一渠引拒马河水进行梯级开发的引水式电站。其中四站建设规模装机容量2×1250千瓦，设计年发电量1123.98万千瓦·时，设计年利用小时数4496小时；五站装机容量3×630千瓦，设计年发电量768万千瓦·时，设计年利用小时数4063小时。

建筑物布置与环境协调，与紫荆关十八盘雄关漫道、云蒙紫气、交相辉映，形成西陵旅游区新的一景。

工程采用了新型虹吸进水口设计，并进行了创造性优化，将其机械控制改为双管水位控制，大大提高了可靠度。同时，对其断流过程中机组飞逸过渡过程进行数值模拟分析，建立了虹吸式进水口控制系统完整的分析理论，填补了理论研究空白。“水电站虹吸式进水口机组飞逸过渡过程及控制系统研究”课题获河北省科学技术奖三等奖、QC小组成果获省QC小组一等奖，成果将被《水电站引水渠道及前池设计规范》采用。针对本站进行的优化设计和总结形成的论文先后在国家级刊物发表6篇。

工程运行以来，各年发电量均达到或超过设计值，经济效益显著，获河北省优秀工程设计一等奖。

滹沱河综合治理工程

滹沱河综合治理工程通过一系列生态工程措施，结合引调水，将该段河道打造成溪流－湖泊－湿地连通的健康河流生态系统，构建河畅水清、岸绿景美、自然和谐的绿色生态廊道，使母亲河焕发了新的活力。

通过河槽整理，满足防洪的同时，尽量恢复河道自然蜿蜒形态，采用石笼、连锁块等生态防护措施，不仅稳定主河槽，还可以为水生动植物提供生存、栖息的环境。在中水汇入河道前建设表流湿地，提升中水水质，保证了滹沱河水体不受污染。基于现状地形条件，以湖区和溪流相结合，临近沿线县城段打造较大生态水面，同时滩地设置绿化游园节点，突出地域历史文化，满足休闲娱乐需求；郊野以溪流为串联，沿两岸设置绿化景观廊道，并建设通达的游园观光道路，再现了清水绿岸、鱼翔浅底的滹沱美景。

《滹沱河（黄壁庄至深泽界）生态修复工程规划暨沿线地区综合提升规划》获 2019 年度省优秀城乡规划设计奖。

滦河迁安市段生态防洪工程

滦河迁安市段生态防洪工程主要包括左右岸防洪堤建设、河道清淤疏浚、拦蓄建筑物、村基工程等建设内容。工程设计中采用常规水面线法、平面二维水沙数学模型和水力物理模型三种方法研究不同生态治理方案对河流行洪的影响，为工程设计提供依据；河道岸坡防护兼顾生态需求，采用土工格室、高镀锌钢丝石笼等新型材料；采用复合土工膜防渗，具有较强的防渗效果和优良的弹性及抗变形能力，能够适应基面的不均匀沉降。

工程获“国家级水利风景区”“园林工程金奖”。

潘书通

1994年7月毕业于重庆建筑大学（原重庆建筑工程学院，现重庆大学）城建系给水排水工程专业。国家注册公用设备（给水排水）工程师，正高级工程师，国际注册高级节能评估师、能源管理师、能源审计师。现任九易庄宸科技（集团）股份有限公司副总裁、给排水专业总工程师。先后荣获河北省工程勘察设计行业优秀青年设计师、中国建筑给水排水“百名未来之星”、河北省工程勘察设计大师等荣誉称号，享受石家庄市政府特殊津贴专家。

社会任职

中国建筑学会建筑给水排水研究分会理事，中国土木工程学会工程防火技术分会消防给水及灭火设施委员会委员，中国建筑学会建筑防火综合技术分会委员，河北省土建学会建筑给水排水学术委员会副主任委员，河北省给水排水技术情报网副理事长，河北省土建学会第二届绿色建筑与超低能耗建筑学术委员会副主任委员，石家庄市工程勘察设计咨询业协会消防技术委员会副主任，河北省太阳能利用行业协会副会长，河北省可再生能源产业协会专家顾问，河北省工程勘察设计专家委员会专家，河北省绿色建筑评价标识专家委员会专家，河北省装配式建筑专家委员会委员，河北省建设工程消防技术专家库专家，河北省科技厅科技奖励专家库专家，河北省工程建设地方标准审查委员会专家，河北科技大学建筑与土木工程领域工程硕士专业学位研究生校外导师。

主持工程情况及荣誉

从业20多年来，作为主持人或专业负责人完成了几百项大中型项目的给排水设计工作，其中获得国家行业、省级优秀设计奖20项。

学术成果

主编、参编国家行业标准、京津冀区域协同工程建设标准、河北省地方标准、图集20余项；作为第一发明人或主要发明人获得国家知识产权局批准的专利10余项；作为主要编写人合作出版专著2本；作为第一作者在国家核心专业期刊和省内期刊上发表多篇学术论文。

单位评价

潘书通同志1994年毕业以来一直从事建筑给排水和市政给排水设计工作，不仅担任给排水专业总工，负责建筑给排水和市政给排水技术工作，还担任公司副总裁，负责公司技术管理工作，具备良好的职业道德和社会形象，专业知识扎实、理论功底深厚、工作态度认真、工作作风严谨，具备超强的解决实际问题的能力和跨专业的综合思维能力。作为专业技术带头人，以严谨的工作作风、端正的工作态度，持续改善公司的专业技术水平和设计质量，主持并参加了公司大量的重点、难点项目和获奖工程，积累了丰富的工程设计经验，注重技术创新和新技术的推广应用，引领公司设计创新水平和高度，提升公司品牌、扩大社会影响，是九易庄宸技术营销的带头人。

成长历程

一、起步入门与学习提高

1990年8月的一天，还在地里干农活的我接到了村干部送来的印有"重建工招生"字样的大学录取通知书，当时的农村通信还不太发达，高考填报志愿结束后只能在家里焦急地等待结果。那时高考是估分填报志愿，高考录取率只有百分之几，能进入重点大学的更是寥寥无几，而且被调剂的可能性非常大。好在兄长是当时恢复高考制度后村里第一个真正的大学生，具备一定的前瞻性，使我的估分和录取结果在可控范围内。我也就成为家中第二个也是我们村里第二个真正意义上的大学生，几年之后我的弟弟也顺利考入大学，因此我家出了三个大学生，在当地引起了不小的震动。但是谁能体会到在一个农村家庭里，父母承受着巨大的生活和精神压力，信念执着、含辛茹苦供养三个学生成才所付出的艰苦努力呢？父母是伟大的！

1990年9月13日，没坐过火车，连县城都很少出的我，坐上了南下的列车，踏上了只有在电影里才听说过的雾都——重庆的千里求学之路。重庆建筑工程学院在当时是很有名的建筑老八校之一，那里有良好的学习氛围和建筑底蕴。大学四年，让我这个一无所知的懵懂少年学到了太多的知识，增长了太多的见识，当时的授课老师现已经都是国家级著名专家，活跃在建筑领域。大学最后一年的毕业设计，我被分到了建筑给排水设计组。记得当时我的毕业设计是重庆市的一个重点项目——重庆奥克国际贸易中心超高层建筑，由学校设计院的杨文玲老师亲自指导。这个经历让我受益匪浅，为后来在设计院的工作打下了非常坚实的基础，使我能够很快地进入实战工作。

1994年7月中旬，由于要完成重庆奥克国际贸易中心地下泵房的复杂的图纸绘制工作，我比其他同志推迟半个月进入河北省建筑设计研究院报到。20世纪90年代初，大学毕业生刚刚实行双向选择，还是以分配为主，基本原则是从哪里来回哪里去，只有当自己家乡所在的省份没有招聘计划时才允许调配到周边省份就业，而且还要缴纳一定的跨省费用和城市增容费。

分配到河北省建筑设计研究院（简称省院）设计一所后，有幸与郭卫兵、孔令涛、郝卫东、李君奇、马洪等大师共同工作，省院设计一所陆续培养了七位大师，很是值得骄傲。在给排水专业总工蒋丕杰、范振起和彭博三位老师的调教下，我开启了十年的建筑给排水设计历程。

1990年初，国务院正式宣布开发开放上海浦东，在浦东实行经济技术开发区和某些经济特区的政策。1992年10月，国务院批复设立上海市浦东新区。彼时，河北省建筑设计研究院上海分院与上海民用院、华东院合作，融入到浦东新区建设中，开启了一段辉煌的历程。1994年底，我有幸被派往上海，参与了上海黄浦图书馆、上海梅陇、上海上实华苑、万里高层带等一系列大型住宅、酒店、公共建筑的设计工作。当时的项目体量大、功能复杂，图纸量大，手工画图效率很低，正处于摒弃图板、提高计算机出图率的升级阶段，也给我们这些刚毕业的年轻人提供了一个学习、实战的锻炼机会。随着计算机出图率的不断提升，工作效率有了很大进步。另一方面，当时上海的建筑设计水平在国内处于领先地位，一大批国家规范、标准都是上海市民用建筑设计院和上海华东建筑设计研究院编制，能够亲自接触到当时规范、标准的主编人，在双方合作项目的基础上，对规范、标准有更深刻、更全面、更合理的理解和应用，对我们那一批年轻人技术能力的提高起到了决定性作用，这也是省院后来整体技术能力提升的重要因素。

2000年，由于多方面的因素，我回到省院总部。通过在上海分院工作的磨炼，我的技术能力有了很大的提升，使得后续的设计工作游刃有余。我先后完成过诸如河北移动通信公司生产指挥调度中心、中国网通集团河北省通信公司燕赵信息大厦、河北金丰谷业花园、府阳公寓、东胜大厦、河北科技大学新校区核心区、石家庄幼儿师范专科学校新校区、石家庄邮政局长安大厦、石家庄铁路中心医院病房楼等大型居住区和公共建筑。期间完成的府阳公寓项目在没有相关规范、标准的前提下，通过大量的调研和方案比选，在省内率先采用太阳能集中热水系统和小区直饮水系统，应用至今运行效果良好。

尤其值得感激的是蒋丕杰、范振起两位老师，在我刚刚毕业两年即1996年就让我加入到了河北省土木建筑学会建筑给水排水学术委员会，两年后又让我担任学会秘书长。在那里我经常接触到各个行业的前辈，甚至省外同行，遇到了许多不同行业、不同类型的问题，吸取了很多不同行业的营养，开拓了视野，对指导我的本职工作，提升技术和管理能力帮助很大。

二、技术进步与技术创新

2005年初，省院改制，我跟随原领导创业，从起初的河北九易营造设计有限公司，发展到现在的九易庄宸科技（集团）股份有限公司，体验了创业的困惑与艰辛。公司创立之初我负责给排水专业总工和设备部，从光杆儿司令做起，在负责给排水专业总工的同时建立了市政设计业务的雏形，后由于公司规模的扩大，市政业务交由其他同事负责。在担任公司给排水专业总工期间正值我国房地产业高速发展的时期，在工作量、设计内容急剧增加的大背景下，设计院人员急剧扩张，导致图纸质量下降，这种情况的出现迫使我要想办法提高工作效率和把控出图质量。因此，在我和同事的共同努力下，2010年编制完成公司《给排水设计制图规则及图样》，彻底改变了传统的给排水专业画图表达方法，改轴测图为展开图，其最大的好处是不像平面图与轴测图一一对应，而是以展现系统整体原理加局部详图解决识图问题，当平面发生变化时，不需再调整展开图，大大降低了工作量，尤其适用于快速设计的住宅小区和大型公共建筑。这种制图方法当时只有建设部设计院部分采用，且没有官方的制图规则发布，这一改变受到了同事的极大欢迎，出图效率大大提高，出错率也大大降低，为今后的住宅快速设计和复杂的大型建筑绘图奠定了坚实的基础。两年后，中国院发布了较完善的制图标准，我们又对规则进行了优化，此时我们已经能够熟练运用了。

在担任九易庄宸科技（集团）股份有限公司给排水专业总工和技术副总期间，主持或指导了大量的工程设计案例，建筑类型涉及大型居住小区、酒店宾馆、办公建筑、超高层建筑、城市商业综合体等，解决了很多技术难题。其中河北建投（固安）农业科技产业园国际会议中心项目，总建筑面积87000平方米，是集五星级酒店、餐饮娱乐、康乐运动、国际会议中心于一体的综合性建筑群。该项目具有地热水资源，采用了地热水梯级循环利用技术、分质供水技术、大空间智能主动灭火技术、高压细水雾灭火技术、厌氧－好氧中水处理技术、气体灭火技术以及无边界泳池等新技术，克服了多项技术难题。尤其是地热水的梯级利用技术解决了在有限地热资源、尾水温度控制且充分利用的前提下，利用热水储热水箱调节来解决用户多、用热不均衡、热量损失大的技术难题。无边界泳池循环水技术，当时国内类似项目很少，也缺少相关规范，通过学习相关理论和调研国外相关资料，很好地解决了无边界泳池的相关技术参数，也为以后类似项目提供了可借鉴的实践经验，在解决该技术难点的同时，联合河北科技大学实验室开展技术参数选型研究，建立了计算机水力模型，通过实验和模型进行对照分析。目前"一种新型无边际游泳池""一种无边界游泳池水跌流量计算方法"获得了国家知识产权局批准的实用新型专利，两项实用新型专利已获批，发明专利已通过初审。

近些年，随着我国节能降耗方针政策落地，建筑行业"太阳能与建筑一体化"和太阳能光热工业化应用技术得到了迅猛发展。但真正实现"太阳能与建筑一体化"的产品一直是市场空白，经过多年的积累，我们与省内某企业联合研发出了窗式太阳能热水系统，很好地解决了太阳能与建筑的一体化结合问题。该产品在国内属于首创，在太阳能热水领域处于领先地位，已通过省科技厅成果认证，正逐步开始推向市场，"窗式太阳能热水系统"实用新型专利也已获批。

通过几项创新技术的研发及实践应用，我们开启了公司创新、创优的先例，带动了一批年轻同志的积极性。

一方面，在遇到技术难题时，主动积极开动脑筋，寻求解决问题的方法和技术路径；另一方面，不要拘泥于规范标准，应从理论基础上下功夫，灵活运用所学基础知识解决工程难题，做到安全、合理、经济、实用。

三、行业贡献与责任担当

从业20多年来，作为主持人或专业负责人完成了几百项大中型项目的给排水设计工作，其中获得国家行业、省级优秀设计奖17项，典型项目有：（科技企业孵化器）石家庄长安生物科技研发中心、中国网通集团河北省通信公司燕赵信息大厦、湖畔郦舍–丹瑰苑（荣盛·未来城）、河北建投（固安）农业科技产业园国际会议会展中心、北戴河东山宾馆及健身中心、石家庄美术馆、浙江大厦（新源·蜂巢）、东南智慧城超高层城市商业综合体、河北宾馆集团安悦酒店、元悦酒店、隆尧县东方食品城污水处理厂EPC总承包等。

项目类型涉及大型居住社区、超高层及城市综合体、办公建筑、五星级宾馆建筑、医疗建筑、通信建筑、大中专院校建筑、博物馆、展览馆等，多个设计项目获得国家、省级优秀设计奖。在建筑给水排水领域中的给水、排水、热水、水消防、气体消防、中水处理、太阳能与建筑一体化、雨水综合利用、可再生能源应用以及绿色建筑技术方面均具有扎实的理论基础和丰富的工程设计实践经验；在市政给排水领域的EPC总承包、给水处理工艺、污水处理工艺、再生水处理工艺及管网工程，均具有扎实的理论基础和丰富的工程设计实践经验；熟悉建设工程的工作流程、建筑行业的法律法规，能够在实际工程中熟练掌握和灵活运用现行有关国家、地方技术规范和技术标准。

担任公司技术副总期间积极推进公司的标准化建设工作，主编、参编国家行业标准、京津冀区域协同标准、河北省地方标准和图集共计20多项，审查河北省地方标准和图集几十项，发表有价值的学术论文10余篇，获批专利10项，合作出版专著2部。其中主编国家能源局行业标准《建筑构件式平板型太阳能集热器通用要求》，河北省地方标准《高层民用建筑太阳能热水系统技术规程》《建筑同层排水工程技术标准》《建筑机电设备工程抗震技术标准》《民用建筑太阳能供热采暖工程技术规程》《绿色建筑运营维护技术规程》；主编河北省地方标准图集《住宅分户式太阳能热水系统选用及安装》《太阳能集中热水系统选用及安装》《居住建筑卫生间同层排水系统安装（防水收口式）》等；作为主要编制人参编《居住建筑节能设计标准（节能75%）》《公共建筑节能设计标准》《雨水控制与利用工程技术规范》《太阳能热水系统工程性能检测与评定规程》和京津冀区域协同标准《绿色建筑评价标准》《河北省绿色建筑施工图审查要点》等多项河北省地方标准。

作为第一发明人或主要发明人获得国家知识产权局批准的专利“窗式太阳能热水系统”“一种新型无边际游泳池”“一种市政给排水管道限位装置”“一种无边界游泳池水跌流量计算方法”“一种分级出水阀”“一种塑料磁力水封地漏”“曝气池曝气装置”“转鼓式过滤器”“PAM加药装置”“曝气器”等10余项。

作为主要编写人合作出版《绿色建筑知识问答》，作为副主编合作出版《城市排水工程与建筑暖通技术》2本专著；作为第一作者在国家核心专业期刊和省内期刊发表多篇学术论文，主要有《上海科技示范小区给排水设计一例》《直接管网叠压供水设备的工作原理与应用》《新型逆流防止器的工作原理与应用条件》《绿色建筑给排水设计内容刍议》《浅析高层建筑太阳能热水系统应用存在问题和解决对策》《高层住宅建筑太阳能热水系统设计》等。

这些标准、图集、专利、论文既是对日常工程实践的总结，又有技术发展与进步的方向，也是鞭策自己继续前进的动力。

积极加入国内、省内各类学术团体和行业组织，一方面可以扩展自己的知识和视野，横向、多维度学习和汲取知识营养，多向同行或相近行业虚心请教、相互借鉴，提升自己的能力；另一方面将自己的工程设计经验、教训进行传播，为提高行业的专业技术水平做出应有的贡献。

担任公司技术副总期间在公司成立技术研究院，本人负责推动标准化、绿色建筑、装配式建筑、BIM 技术等技术管理工作，虽然不是本人主专业，但从这些工作的推动过程中可以了解建筑行业的发展方向和发展趋势，可以站在不同视角来审视自己的主专业，提高自己的站位，从而在边学习边实践的过程中更有效地推动本专业技术进步，结果是获益匪浅。

公司在 2016 年成功挂牌新三板，业务规模越来越大，业务范围越来越广，之前的市政板块业务发展缓慢，2018 年底公司决定由我来主抓市政业务。市政业务涵盖给水、排水、道路桥梁、燃气热力、环卫工程等多项内容，这对于以前从事建筑给排水设计业务且从未从事过经营工作的我来说难度颇大，但从公司大局出发，我毅然接受了这项工作。接手之初，我通过收集梳理市政领域的政策法规及发展方向，决定以与本专业关联度较高的给水处理厂、污水处理厂工艺及管网业务作为切入点，发挥自己熟悉政府投资项目流程、技术要点的优势，将市政业务细分，找到市政业务的突破口，逐步培养各版块具备一定技术能力的年轻技术带头人，夯实基本功。通过不懈的努力，在接手市政业务第一年就有很大的起色，第二年又超额完成公司的既定目标，在给水厂、污水处理厂、道路、垃圾处理等方向开展了一系列业务，市政业务正朝着一个良好的方向发展。尤其是中标了公司有史以来最大的一个 EPC 总承包项目——隆尧县东方食品城污水处理厂 EPC 总承包工程，涉及原址现行污水处理厂带水运行出水提标的技术改造和新建再生水厂两个子项，技术难度高、涉及面广，不单设计，还涉及项目管理和施工，我作为该项目项目经理全程指导。

其实，这仅仅是个开始，后面路还很长，困难还很多，这点滴成绩的取得还是得益于自己未拘泥于一个专业的设计，而是从多维度、多领域的不断学习与进步，学的多了可以开拓我们的视野，学的杂了可以拓展我们的思路，当遇到困难时我们就会有更多的解决办法。我特别赞同李克强总理的金句：树高千尺，营养还在根部。把基础打牢了，将来就可以触类旁通，行行都可以写出精彩。

四、结束语

千里之行始于足下，无论什么工作要从头做起，从点滴的小事做起，逐步完善才能成就大事。业精于勤，荒于嬉；行成于思，毁于随。这两句话用在我们设计行业再贴切不过了。作为一名设计工作者，我始终牢记：要有学习新知识、新技术、新理念的欲望，要有潜心钻研业务、尽心解决困难的态度，要用正能量去影响、培养并带动新人，这也是我们的责任。从业 20 多年来，虽有波折，但是向上，感谢各位领导、老师、同事以及各位良师益友曾经无私的帮助和对我缺点的容忍，成绩是有但已成过去，缺点和不足依然存在，我会一如既往地把精力投入到学习和工作中，为我省的建设事业增砖添瓦。

河北建投（固安）农业科技产业园国际会议中心

建设地点：河北省廊坊市固安县
建筑面积：89000 平方米
设计 \ 竣工 :2012 年 \2015 年
获奖情况 : 河北省优秀工程勘察设计奖一等奖

该项目是集五星级酒店、餐饮娱乐、康乐运动、国际会议中心于一体的综合性建筑群。该项目具有地热水资源，采用了地热水梯级循环利用技术、分质供水技术、大空间智能主动灭火技术、高压细水雾灭火技术、厌氧 – 好氧中水处理技术、气体灭火技术以及无边界泳池等新技术，克服了多项技术难题。尤其是地热水的梯级利用技术解决了在有限的热资源、尾水温度控制且充分利用的前提下，利用热水储热水箱调节来解决用户多、用热不均衡、热量损失大的技术难题。针对无边界泳池循环水技术，当时国内类似项目很少，国内也缺少相关规范，通过学习和调研国外相关资料，我们很好地解决了无边界泳池的相关技术参数，也对以后相关项目提供了可借鉴的实践经验。

湖畔郦舍－丹瑰苑（唐山荣盛·未来城）

建设地点：河北省唐山市
建筑面积：412000 平方米
设计 \ 竣工 :2014 年 \2016 年
获奖情况 : 河北省优秀工程勘察设计行业奖一等奖

该项目以“中国首席文化旅游综合体”为战略定位，以辐射京津冀一体化经济圈作为发展目标。项目以顶级室内娱乐场、儿童职业体验馆、奥特莱斯三大主力引擎为驱动，配以婚礼殿堂、星幻驿站、高端影院等特色引擎为辅助，全力打造一站式旅游购物体验目的地、京津冀娱乐体验第一站。建筑高度 97.2 米，属于一类高层，项目有超大型商业及亚洲最大的室内游乐场，给排水专业涉及给水、排水、虹吸雨水、室内消火栓、喷淋、气体灭火、大空间智能型主动喷水灭火系统、自动消防炮、雨水调蓄利用、中水回用等多项技术，体量大、系统多，管线、设施复杂等特点，尤其是合理解决了大型室内游乐设施复杂的消防技术问题。

石家庄美术馆

建设地点：河北省石家庄市
建筑面积：11500 平方米
设计 \ 竣工 :2008 年 \2010 年

该项目属一级特殊公共建筑，市属重点项目，整体布局借鉴传统园林巧于因借 、旷奥相济、小中见大、欲扬先抑、明暗相衬、塑造意境等手法，以序列状的陈列馆及三个带中庭的方形实体围绕一个中心庭院来营造空间氛围。建筑立面以平缓的直线、简洁的体块来表现地域建筑的刚直与硬朗，外观采用灰白的主调色彩与葱翠的环境融合，以其方正、内敛的气质体现建筑的端庄。该项目采用大空间智能型主动喷水灭火系统，解决了美术展览高大空间的消防灭火难题；采用了虹吸压力雨水排放系统新技术，解决了大空间建筑屋面雨水排放的难题。

崇礼翠云山奥雪文化小镇度假、养生酒店

建设地点：河北省张家口市崇礼区
建筑面积：373400 平方米
其中：度假酒店 81000 平方米、
养生酒店 64000 平方米
设计 \ 竣工 :2017 年 \2019 年

崇礼翠云山奥雪文化小镇是一处拥有休养、娱乐、居住等功能的生态综合度假村，地处崇礼翠云山国家 4A 级旅游度假区内，包括超五星级酒店、家庭式酒店、公寓（包含老年儿童设施）、高层休养住宅、主题商街及游乐园。度假酒店作为 2022 年冬奥会奥组委的第二总部，是集酒店、餐饮、滑雪娱乐为一体的超五星级酒店；养生酒店是集酒店、餐饮、会议、滑雪娱乐为一体的五星级酒店。酒店背山面湖，环境优美，是得天独厚的滑雪胜地。建筑材料选择代表本地特色的石材，整体造型体现酒店建筑的大方稳重。顶部造型采用暖色仿木质外墙板，寓意为飞扬的雪板，体现冬奥会滑雪运动的独特魅力。项目设有商业、餐饮、游泳和健身等酒店配套设施，设计中克服了高海拔、防寒抗冻、功能复杂等技术难题，采用了多项可再生能源技术。

浙江大厦（新源蜂巢）超高层项目

建设地点：河北省石家庄市
建筑面积：128800 平方米
设计 \ 竣工 :2015 年 \2018 年

该项目基于未来主题的设计理念来塑造建筑形体，并通过“天空·钻石”的立意进行建筑语言的串联，形成轻快凌厉的钻石体。建筑外立面材质为铝板及 LOW-E 玻璃幕墙；通过选择不同颜色及透明度的玻璃幕墙强化建筑形体变化；并结合竖向装饰铝型材线条，体现建筑的轻盈与凌厉。通过有效布置绿地和水景，创造与周边富有连续性的城市空间。项目属于一类超高层综合楼（高度近 150 米），具有大型商业、办公、公寓多种综合功能，位于市中心商业核心区域，容积率高、设备设施多、系统复杂、室内外管线复杂、空间狭小，机电专业多项技术措施的优化很好地实现了方案意图，解决了诸多技术难题，最大限度地满足了业主的要求。该项目已建成、验收，目前在正常运营中。

河北宾馆集团安悦酒店

建设地点：河北省石家庄市正定新区
建筑面积：90900 平方米
设计 \ 竣工 :2018 年 \2019 年

安悦酒店定位为度假式酒店，北侧为高层酒店，南侧为低密度别墅式园林酒店。规划理念参照正定古城特色，整体布局以南北向中轴线为框架，贯穿中央绿地广场、南北景观大堂，从北侧高层过渡到南侧低密度套房。在名家画作中找到山的灵感，将跌宕起伏的坡屋面寓意山水，将虚实、时空融合在一起，结合中国古典建筑的院落格局，形成大合院套小庭院的层次空间，描绘了一幅蕴藏于蜿蜒山水中的写意画卷，是城市新区配套服务中别具一格的空间体验。项目裙楼两层主要功能为办公、会议、餐饮、SPA 和游泳健身，塔楼 3 ~ 14 层为客房，设有大型洗衣房。该项目具有功能复杂、系统多、设备设施齐全、技术难度大、设计施工同步进行等特点。

河北宾馆集团元悦酒店

建设地点：河北省石家庄市元氏县
建筑面积：42800 平方米
设计 \ 竣工 :2019 年 \2020 年

本项目采用“S”形建筑形体，与河岸线产生灵动优美的空间关系，建筑立面采用现代建筑风格，以现代化的建筑语言结合考究的建筑材料营造优美的建筑形象；建筑主墙以浅暖灰色为主，以深灰色、黄铜色为辅，建筑用材以浅暖灰色石材、浅暖灰色真石漆和浅灰蓝色玻璃为主，配以仿铜铝单板、深灰色铝单板、深灰色金属质感涂料等建筑细部，以丰富立面形象和色彩构成，营造建筑的动感、轻盈感、时尚感，塑造地标性的建筑形象。项目主要功能为客房、办公、会议、餐饮、SPA 和游泳健身。该项目具有功能复杂、系统多、设备设施齐全、技术难度大、设计施工同步进行等特点。

东南智慧城 8# 地办公楼群

建设地点：河北省石家庄市
建筑面积：270000 平方米
设计 \ 竣工 :2015 年 \2020 年

东南智慧城（南焦村社区城中村改造）项目规划总建筑面积 2840000 平方米，是集大型城市综合体、综合商业、商务办公、五星级酒店、高端公寓、精品居住、优质教育、文体综合于一体的大型复合国际化时尚高端社区。8# 地是其中一个地块，为高端写字楼，与周边的五星级酒店、时尚商业、精品住宅、综合教育、文体娱乐、城市公园等构成了城市综合类项目，打造成为城市东南片区地标性的综合城区。项目围绕“两轴一核心一围合”进行规划布局。“两轴”：作为城市主要形象展示面的商业办公轴线和沿南茵河公园打造精品居住轴线。“一核心”：项目中心设计一座标志性的城市综合体建筑群，作为城市的新中心。“一围合”：利用南茵河公园及用地周边 50 米的城市绿化带形成绿化围合带，打造舒适、宜居的生态城区。建筑高度 99.92 米，属一类高层公共建筑，项目主要功能为地下车库、商业、会议、健身及办公用房。项目体量大、管线复杂、设施标准高，各种系统都进行了多方案比选、优化，综合解决了多专业、多工种的协调统一，达到了很高的完成度。

（科技企业孵化器）石家庄长安生物科技研发中心

建设地点：河北省石家庄市
建筑面积：78300 平方米
设计 \ 竣工 :2011 年 \2014 年
获奖情况 : 全国优秀工程勘察设计行业优秀建筑工程设计三等奖、河北省优秀工程勘察设计奖一等奖

该项目是以企业孵化为主，辅以产品研发与办公的综合产业楼。地下 2 层，地上 26 层，建筑高度近百米。根据本楼用水特点采用断流水箱 – 水泵 – 水箱的节能供水方式，解决变频系统供水压力不稳定、耗能等问题；采用 MBR 中水回用技术减少常规水源用量；空调冷却水循环利用，并设置旁流措施，节水节能；采用大空间智能型主动喷水灭火系统，解决了净高大于 12 米的高大空间自动灭火的消防问题等。

北戴河东山宾馆及健身中心

建设地点：河北省秦皇岛市北戴河
建筑面积：22000 平方米
设计 \ 竣工 :2010 年 \2011 年
获奖情况 : 河北省优秀工程勘察设计奖一等奖

该项目隶属于河北省人民政府办公厅，位于著名旅游胜地北戴河海滨东山宾馆用地内西南角，全院占地面积 40 公顷 (600 亩)，接待用房 50 余栋，宾馆总建筑面积约 12000 平方米，健身中心总建筑面积约 10000 平方米。项目背山面海，设计中充分利用场地的高差，合理布局使用功能。该项目采用多项节能技术，如变频供水系统、太阳能热水系统、蓄冷系统、蓄热系统、空气净化系统、自控系统等。

东南智汇城 7# 地超高层、超大型城市综合体

建设地点：河北省石家庄市
建筑面积：545000 平方米
设计 \ 竣工 :2016 年 \ 建设中

东南智慧城（南焦村社区城中村改造）项目规划总建筑面积 2840000 平方米，是集大型城市综合体、综合商业、商务办公、五星级酒店、高端公寓、精品居住、优质教育、文体综合于一体的大型复合国际化时尚高端社区。7# 地是其中一个地块，占地面积 6.7 公顷，总建筑面积 545000 平方米 (其中地上 353000 平方米，地下 192000 平方米)，主要功能为一栋超高层商务办公及五星级酒店 (T1 塔楼)，建筑高度近 200 米；三栋高层商务办公楼、公寓 (T2、T3、T4 塔楼)， 建筑高度约 100 米；6 层商业裙楼 (商业购物中心)，地上部分主要功能为商业、餐饮、娱乐、健身、冰场、水世界、影院等，地下部分主要功能为商业、餐饮、车库、设备用房及酒店辅助用房等。该项目属于超大型城市综合体。给排水专业涉及给水、集中热水、管道直饮水排水、虹吸雨水、室内消火栓、喷淋、气体灭火、大空间智能型主动喷水灭火系统、雨水调蓄利用、中水回用、室内超大泳池等多项技术，体量大、管线复杂、设施标准高，建筑方案由境外设计机构承担，施工图、装修设计同步进行，多家设计公司、专项设计公司同步工作，各种系统都进行了多方案比选、优化，解决了很多非常规性的技术难题。项目裙楼施工已完成，正进行主楼施工。

中国网通集团河北省通信公司燕赵信息大厦

建设地点：河北省石家庄市
建筑面积：39000 平方米
设计 \ 竣工 :2002 年 \2007 年
获奖情况 : 河北省优秀工程勘察设计奖一等奖

该项目总建筑面积 39000 平方米，属一类高层公共建筑，项目主要功能为大型省级通信机房和办公、培训，本人主持完成的基于本工程的“FM-200 洁净气体灭火系统计算程序”技术开发课题曾获院级一等奖，解决了 FM-200 洁净气体灭火系统非均衡管网计算难题。本项目在当时属于国内较早研究气体消防计算程序的项目，项目中还采用管道直饮水技术，实现分质供水。

图书在版编目（CIP）数据

河北省工程勘察设计大师丛书 . 2019 年卷 / 河北省工程勘察设计咨询协会主编 . -- 天津 : 天津大学出版社 , 2021.6

ISBN 978-7-5618-6978-9

Ⅰ . ①河… Ⅱ . ①河… Ⅲ . ①建筑工程－工程技术人员－生平事迹－河北 Ⅳ . ① K826.16

中国版本图书馆 CIP 数据核字 (2021) 第 123671 号

HEBEI SHENG GONGCHENG KANCHA SHEJI DASHI CONGSHU—2019 NIAN JUAN

策划编辑 韩振平　郭　颖
责任编辑 郭　颖
装帧设计 李　华　郝　瑀

出版发行 天津大学出版社
地　　址 天津市卫津路 92 号天津大学内（邮编：300072）
电　　话 发行部 :022-27403647
网　　址 www.tjupress.com.cn
印　　刷 北京华联印刷有限公司
经　　销 全国各地新华书店
开　　本 210 mm × 285 mm
印　　张 11.75
字　　数 284 千
版　　次 2021 年 6 月第 1 版
印　　次 2021 年 6 月第 1 次
定　　价 136.00 元